QUELLE GALÈRE, JENNY !

L'auteur

Yvonne Coppard vit dans la région de Cambridge avec son mari et ses deux enfants. Elle exerce la profession de conseillère pédagogique. Elle a publié de nombreux ouvrages pour la jeunesse (surtout pour les adolescents) qui ont remporté un grand succès en Grande-Bretagne.

Du même auteur :

Un peu de tenue, Jenny !

Vous avez aimé

Quelle galère, Jenny !

Écrivez-nous
pour nous faire partager votre enthousiasme
Pocket Jeunesse, 12, avenue d'Italie, 75013 Paris.

QUELLE GALÈRE, JENNY !

Traduit de l'anglais par Natacha Godeau

POCKET
jeunesse

Titre original :
Everybody, else does ! Why can't I ?
More Diaries of a Teenager and her Mother...

Loi n° 49 956 du 16 juillet 1949 sur les publications destinées à la jeunesse : octobre 2003

ISBN 2-266-11548-0

Pour Reg

5 octobre

Pitié, à mort les GCSE[1], je n'en peux plus !

Normalement, là, je devrais réviser, mais j'ai décroché. Je parie qu'en réalité GCSE, ça signifie : Grave Châtiment du Seigneur Excédé ! Ou, j'hésite encore : Gommage de Cervelle Super Efficace...

Mes profs n'ont jamais été jeunes. Sinon, ils sauraient qu'on ne peut pas *décemment* exiger autant d'un être humain de mon âge ! C'est vrai, quoi. Je suis plutôt pas mal, j'ai un certain sens de l'humour... Je devrais profiter de la vie avec mes copains ! Cathy a trouvé le truc. Sa mère

1. GCSE : *General Certificate of Secondary Education*. Cet examen correspond à peu près à notre baccalauréat. Une différence : des notes insuffisantes aux épreuves de fin de première bloquent le passage en terminale. *(N.d.T).*

est à l'hôpital, excuse parfaite pour échapper aux corvées. Avec elle, les profs sont « ultra compréhensifs ». Résultat, en ce moment, Cathy est sortie ; elle s'amuse tandis que moi, je m'arrache les cheveux sur un devoir de littérature... qu'*elle* recopiera dès demain ! Bien sûr, je suis ravie qu'elle vive ici, en attendant que sa mère aille mieux. N'empêche, ça me soulagera drôlement quand elle rentrera chez elle ! C'est fatigant de couvrir sans cesse ses mensonges. Elle prend sa mine de petite fille malheureuse, elle se fait plaindre et personne ne la soupçonne jamais de rien ! Fascinant. Elle a mis tout le monde dans sa poche : maman, les profs... Sauf papa, peut-être. Oui, il a l'air sceptique, parfois.

Il faudrait que je me remette au travail... Mais avec un sujet pareil, difficile de trouver l'inspiration : « L'injustice dans notre société. Choisissez un exemple, commentez-le et proposez des solutions. »

Quoique...

L'injustice ? Je la vis au quotidien. C'est celle qui consiste à ruiner la santé de générations d'ados à coups de GCSE ! Des remèdes ?

1. École obligatoire jusqu'à quatorze ans seulement.

2. GCSE facultatifs ; chaque matière en

option, avec vérification de la santé mentale de ceux qui en choisiraient plus de trois.

3. Envoi en exil des profs ayant recueilli, après vote des élèves, plus de trente voix contre eux (une clause de sécurité raisonnable, en cas d'incompatibilité d'humeur ou de haine personnelle).

M. Potter récolterait au moins cent votes !

5 octobre

La maison est d'un calme inhabituel. Jenny planche sur une dissertation, Jonathan est couché et Mike travaille. J'attends Cathy. Elle est partie rendre visite à sa mère, à l'hôpital. Apparemment, les médecins la laisseront bientôt sortir et Cathy rentrera vivre avec elle. Dommage qu'elle nous quitte... J'aimais bien l'avoir ici. D'accord : je n'ai pas toujours approuvé son amitié avec Jenny, mais il est vrai que sous des dehors tape-à-l'œil se cache une gentille fille. Pourvu que tout s'arrange, maintenant que sa mère reçoit de l'aide pour son alcoolisme.. Cathy a passé un temps fou auprès d'elle sans jamais négliger ses devoirs ! *Je donnerais cher pour que Jenny soit aussi organisée...*

Mon Dieu, les enfants grandissent si vite !

J'éprouve un de ces vagues à l'âme quand je croise un landau...

8 octobre

Sadie m'a proposé de l'accompagner ce week-end à une réunion d'Amnesty International. Bof, ça ne me dit pas grand-chose ; je ne sais même pas de quoi il s'agit exactement. Mais j'ai accepté, parce qu'il faut à tout prix que nous redevenions amies, Sadie et moi. On ne se parlait presque plus, toutes les deux. Normal, elle m'avait volé mon amoureux ! Pourtant, elle m'a terriblement manqué... Maintenant, on s'est à peu près réconciliées, mais on n'est plus aussi complices qu'avant.

Sur le coup, quand David Slater m'a quittée pour elle, j'ai vraiment eu du chagrin. Je me demande bien pourquoi, il est tellement nul ! On a rompu il y a à peine trois mois, et il est déjà sorti avec deux autres filles... qu'il a aussitôt plaquées. Il s'est bien moqué de nous, avec Sadie. Tiens, il m'a souri, aujourd'hui. Un sourire renversant, genre « Monsieur Parfait ». À pleurer.

J'ai fait comme s'il n'existait pas.

8 octobre

Jenny semble réconciliée avec Sadie. Elle n'est pas rancunière pour deux sous. Moi, à sa place, si mon amie m'avait chipé mon amoureux, j'aurais eu un mal fou à lui refaire confiance ! Lorsque Sadie est arrivée, penaude, je m'attendais à ce que Jenny la mette dehors manu militari. *Mais, après un moment de tension, elles bavardaient à nouveau comme deux copines. Elles se sont donné rendez-vous ce week-end : une attitude très mature, je trouve.*

C'était la réunion des parents d'élèves, pour Jonathan, hier soir. Son statut d'élève « responsable » l'enchante. Il adore « veiller sur les petits », comme il dit. D'après son instit, il travaille dur et se montre toujours poli, toujours de bonne humeur. Il ne sort pas du même moule que sa sœur aînée ! Elle ne s'investit dans rien, et ne fournit presque pas d'efforts pour ses GCSE. Mike et moi sommes plus tracassés qu'elle par ses examens blancs !

10 octobre

Finalement, la conférence d'Amnesty International n'était pas si rasoir. Ils vont organiser une manifestation, à Trafalgar Square, une grande marche en faveur des prisonniers politiques.

Si ce qu'ils nous ont raconté est vrai, alors le monde est encore pire que ce que j'imaginais. Comment peut-on opprimer des peuples, torturer des gens, les laisser mourir de faim, juste parce qu'ils ne sont pas d'accord avec vous ? Remarque, je connais un ou deux profs qui en seraient bien capables...

Je sais, je ne devrais pas plaisanter sur des sujets aussi graves, mais c'est plus fort que moi. Je réagis toujours comme ça avec les trucs affreux. Ils nous ont demandé d'écrire aux dictateurs qui emprisonnent abusivement les gens. Nous devons réclamer la libération de certains détenus. Moi, je dois plaider pour trois d'entre eux : deux en Chine, et un au Chili. Plus nous serons nombreux à écrire, plus nous aurons de chances de faire bouger les choses.

Est-ce que maman et papa me laisseront participer à la manif... ? Après tout, ce serait une occasion unique de rencontrer un garçon « responsable et sérieux », non ?

11 octobre

Jenny et Sadie ont assisté à un meeting d'Amnesty International, hier soir. Elles en sont revenues indignées, pleines de ce sentiment d'horrible injustice que nous, leurs aînés, avons éprouvé en notre temps. Je lui ai raconté que ma génération s'était elle aussi révoltée contre tout cela. Elle m'a répondu que la sienne, de génération, tâcherait d'agir ! Enfin... au moins, ma fille a des principes. Elle veut aller manifester à Trafalgar Square. Avec Mike, on n'est pas vraiment pour... D'un autre côté, je ne voudrais pas la priver de l'occasion de se battre pour ce en quoi elle croit. Je lui ai dit que son père et moi y réfléchissions. Nous verrons bien s'il ne s'agit encore que d'une toquade, comme sauver les baleines, boycotter les bombes aérosols... et cette demi-douzaine d'autres causes qu'elle a épousées, avant de laisser tomber !

19 octobre

Alerte ! Jonathan a la VARICELLE !

Il est carrément monstrueux. Hier, il n'a pas arrêté de ronchonner et j'ai été méchante avec lui. Maintenant qu'il est malade, j'ai des remords. Il a des espèces de plaques rouges partout sur le corps. Chaque fois que je le regarde, on dirait qu'il en a des nouvelles. Certaines ont une petite cloque sur le dessus. D'après maman, elles vont toutes finir comme ça.

Je me demande quel effet ça ferait, d'attraper la varicelle à mon âge. À quinze ans... J'en mourrais de honte ! Il faudrait me couper du monde des semaines, comme une lépreuse, rejetée par tous mes amis... l'horreur ! Même pour louper l'école, ce serait trop cher payé.

Maman prétend que je l'ai déjà eue, bébé, mais je ne m'en souviens pas, et je ne suis pas sûre de pouvoir me fier à sa mémoire. Je suis déchirée entre le désir de dorloter Jonathan et celui de ne prendre aucun risque inutile. Alors, j'abuse des désinfectants, je me lave les cheveux tous les matins, et j'approche le moins possible de Jonathan. Pourvu que ça marche !

19 octobre

Jonathan n'est pas dans son assiette du tout. Il a une varicelle carabinée, le pauvre chou. Il reste affalé dans le sofa, plus mou qu'une poupée de chiffon, absolument indifférent à ce qui l'entoure. Il est couvert de boutons jusque dans la bouche et les oreilles, et c'est très douloureux. Quand il en sera au stade « démangeaison », il souffrira le martyre ! J'ai tellement de peine pour mon Jonathan. Le pire, c'est que je ne peux rien y faire, et cette impuissance me tue !

Jenny se montre très dure. Elle compatit en paroles, mais elle traite son petit frère comme un lépreux. J'ai beau lui répéter qu'on n'attrape pas deux fois la varicelle, elle s'entête. Pour être franche, elle me fait honte.

21 octobre

Jonathan est toujours dans un sale état. Je reste des heures et des heures assise près de lui pendant qu'il trempe dans des bains au bicarbonate de soude. Maman m'a envoyée en acheter six bidons. C'était plutôt gênant ! Apparemment, personne ne connaît ce truc bizarre contre la varicelle. Maman vient du Devon ; ça doit encore être un de ces remèdes paysans d'autrefois... Le plus étrange, c'est que, pour une fois, ça marche ! Lorsque Jonathan sort de la baignoire, ça le gratte deux fois moins.

Moi, je me suis résignée à ravaler ma peur de l'attraper, cette fichue maladie. D'abord, maman a du travail, elle ne peut pas s'occuper de mon frère toute la journée. Et puis, de toute façon, il me supplie sans arrêt de jouer avec lui. Et, quand il tourne son pauvre visage boutonneux vers moi, je fonds – il en a même dans la bouche ! Beurk !

Avec maman et papa, on se relaie pour lui appliquer sa lotion calmante sur la peau. Jonathan est très courageux, et un peu plus joyeux, aujourd'hui. Un de ses copains est venu goûter à la maison, cet après-midi. Lui aussi, il a quelques boutons, mais pas autant ; il est guéri. La varicelle s'est répandue dans leur classe comme une épidémie de peste noire, une vraie hécatombe ! J'ai soufflé à maman l'idée d'inviter tous les malades, mais elle a menacé de hurler si elle voyait encore *une seule* cloque !

21 octobre

Jonathan va un peu mieux, aujourd'hui. On a pataugé dans des litres de bain au bicarbonate et de lotion apaisante ; il paraît tout droit sorti d'un film d'horreur, mais il reprend goût à la vie. L'un de ses amis est venu lui tenir compagnie. Je suis si fatiguée, je pourrais dormir une éternité... C'est que ses démangeaisons continuent de le tenir éveillé la nuit, le pauvre chéri. Mike ne peut pas demander de congé, en ce moment, mais si Jonathan n'est pas rétabli la semaine prochaine, il prendra le relais. J'ai tellement hâte de réintégrer un monde normal, loin des boutons et tout, et en même temps, je culpabilise, j'ai l'impression d'être une mauvaise mère...

Maudite varicelle !

25 octobre

Ce week-end : devoirs, devoirs, devoirs...

J'ai écrit trois rédactions, et j'ai lu des tonnes de trucs pour les sciences (je suis en retard sur le programme... OK : *très* en retard). On est en congé de mi-trimestre, cette semaine, mais les profs s'en fichent éperdument : ils ont chargé sur les devoirs comme si c'était leur dernière chance d'en profiter ! J'ai trimé comme une folle pour m'avancer et me ménager quand même un peu de temps libre, mais là, je perds espoir... Ma vie est si excitante que je me demande comment je ne craque pas, parfois.

Jonathan a presque repris un aspect normal maintenant. Il est encore couvert de taches rose pâle, mais il est retourné à l'école. Ils sont tous marqués par la varicelle, dans sa classe : ils ne l'embêteront pas. Ça doit faire bizarre, d'être l'instit d'une bande de gamins vérolés qui vous fixent toute la journée à travers un masque de crème apaisante...

28 octobre

Je n'ai rien fichu de la semaine, à part quelques devoirs... Cathy est débordée par sa vie sociale trépidante, et, avec Sadie, on n'en est pas encore au stade où on ne se quitte plus. Bien sûr, on a passé un peu de temps ensemble, pendant ces congés, mais on a surtout regardé des vidéos, et fait nos devoirs. C'est comme si on craignait chacune secrètement de dire ce qu'il ne faut pas, à propos du passé, et que cela finisse par une dispute.

Sadie m'a demandé de l'accompagner à une soirée, samedi. Ça a l'air nul : c'est au bureau de son père. Mais est-ce que j'avais le choix ? J'ai accepté. Je tiens vraiment à ce qu'on redevienne super copines, toutes les deux. Alors je vais m'ennuyer à mourir, c'est sûr, mais ça en vaut la peine si ça nous permet d'être aussi proches qu'avant.

1er novembre

Je viens de relire ma dernière page... Je me trompais complètement. La réception de Sadie a été géantissime ! On s'est beaucoup amusées, avec Sadie ; elle me manquait plus encore que je le croyais. Deux super beaux garçons animaient la soirée. La musique était top, il y avait des spots et tout le tralala. Une vraie boîte de nuit, le prix exorbitant des boissons en moins !

Le frère de Sadie était là. Et son copain Nick, aussi. Lui, je l'avais déjà croisé une ou deux fois, mais on ne s'était jamais vraiment parlé. En tout cas, on a fini par danser ensemble, et il est gé-nial. Il est plutôt pas mal, physiquement, et j'aime sa personnalité. Il m'a raccompagnée à pied à la maison (Sadie avait trouvé quelqu'un, de son côté). On s'est embrassés, sur le pas de la porte ; il embrasse super bien ! Demain, nous allons au cinéma. Il a quitté le lycée l'année dernière. Il a presque dix-huit ans et il est très mûr pour son âge. À côté de lui, David Slater n'est qu'une nouille !

2 novembre

Nick m'a emmenée voir le dernier George Clooney. Et il m'a offert des chocolats ! Le film était chouette. Surtout que, dans les moments angoissants, Nick passait son bras autour de mes épaules... Après, on est allés au fast-food. Il ne manque pas d'argent. Il est en apprentissage, ou un machin de ce genre, dans une compagnie d'électronique. Et puis, certains week-ends, il travaille en plus pour son père, qui est dans le bâtiment.

La conversation avec Nick était super agréable, j'en ai perdu la notion du temps et je suis rentrée en retard. Bien sûr, j'ai eu droit aux ennuis. Le sermon classique : papa était vraiment « très déçu », il pensait que j'avais « un peu plus d'égards pour ma famille ». J'ai écouté, patiemment... J'ai même pris l'air désolé, un moment. Résultat, papa a jeté l'éponge plus vite que d'habitude. De toute façon, ça valait le coup, car j'ai passé une soirée géniale. Demain soir, Nick vient regarder un film avec moi. Les parents sortent. Donc, dès que Jonathan sera au lit, on aura la maison rien qu'à nous... (Heureusement, c'est aussi demain que Cathy rentre chez elle !)

2 novembre

Quel week-end ! J'ai cru que le ménage n'en finirait jamais, peut-être parce que Jonathan s'est entêté à mettre la main à la pâte alors que les seuls qui auraient pu m'aider étaient trop occupés à prendre du bon temps... Si Cathy n'était pas là, c'est qu'elle rangeait un peu chez elle, pour le retour de sa mère. Mais Mike a passé son samedi à la pêche, et Jenny s'est trouvé un nouvel amoureux. Ce garçon s'appelle Nick, et il aurait zéro défaut – tiens, comme David Slater !

Ils sont sortis ensemble deux soirs d'affilée, et Jenny l'a invité à partager le baby-sitting de Jonathan, demain. J'ai osé demander si c'était une bonne idée ; après tout, elle ne le connaît pas encore très bien, ce Nick... Pour tout remerciement, j'ai reçu un regard méprisant de ma grande fille.

Elle est encore rentrée en retard, d'ailleurs. Mike l'a chapitrée et elle lui a joué la scène du repentir avec une telle conviction qu'il s'est empressé de tomber dans le panneau. Moi, dorénavant, j'abandonne. Autant prêcher dans le désert, avec elle. Cathy va beaucoup me manquer. Je me réjouis que sa mère se rétablisse, mais j'appréciais la compagnie d'une adolescente qui estime l'opinion et la sagesse de ses aînés.

Je regrette l'époque où je maternais Jenny. Je la

changeais, lui donnais son lait, la couchais, sans qu'elle raisonne jamais ! Les enfants grandissent si vite... Même Jonathan devient indépendant ! Hier, il m'a annoncé que je n'avais plus besoin de le conduire jusqu'à la porte de l'école. Au bout de la rue, ça suffira, m'a-t-il dit. Ça m'a fait une drôle d'impression. C'est très perturbant, en fait...

4 novembre

Le baby-sitting avec Nick, c'était encore mieux que prévu !

Il a été super avec Jonathan. D'abord, ils ont construit une fusée en Lego, et puis, ensuite, ils m'ont proposé de jouer au Monopoly avec eux. Je me demandais si je servais à autre chose qu'à faire la navette entre la cuisine et le salon pour les ravitailler en chips et sodas, quand Jonathan est finalement parti se coucher (sans trop d'histoires, pour une fois, parce que Nick lui avait prêté son Walkman pour s'endormir). Et là... ça a été notre moment à nous.

J'ai laissé Nick s'occuper de la musique : il a sélectionné mes disques préférés, y compris les plus appropriés aux baisers fougueux... Je ne dévoilerai rien de plus, sauf que j'en ai appris pas mal, au cours de cette soirée...

5 novembre

Une vraie pochette-surprise, aujourd'hui. Potter Potiche, l'Erreur Ambulante du Siècle, est dans une période « Je prends soin de mes disciples ». Opération Thérapie déclenchée. Il discute avec toutes ses classes, poussant les élèves à évoquer leurs problèmes personnels. Et si vous n'avez aucun souci, ce n'est pas grave, Potter se charge de vous en inventer un.

En ce qui me concerne, mon seul problème, *c'est lui*. Ce prof me fiche la chair de poule. D'abord, il est poilu comme un mammouth. Il a même le dos des mains velu ! Sadie prétend qu'on est tous pareils mais que, chez Potter, ça se voit plus parce qu'il est hyper brun. On s'est dit qu'on allait lui envoyer une lettre anonyme avec un tube de crème décolorante, histoire de l'aider un peu. Parce que Sadie est convaincue qu'il a le béguin pour Miss Jones, la prof de français, et personne, mais absolument PERSONNE, ne pourrait s'intéresser à lui avec son aspect actuel. Remarque qu'il n'a rien fait pour mériter notre aide, non plus...

Mais je suis hors sujet, là.

Mon seul problème, donc, c'est d'avoir un prof « spatio-temporel » qui parle des Beatles et des Rolling Stones comme s'ils existaient encore. Et vu qu'il n'aurait été ni très poli, ni très malin de le lui dire, lorsqu'il m'a posé la question, j'ai répondu que tout allait bien. Il s'est alors empressé de me trouver quelque chose qui cloche : mon attitude.

Selon lui je manque d'ambition, je ne suis pas motivée pour Donner le Meilleur de Moi-Même et Exploiter Mon Potentiel, et patati, et patata... Vivement que je quitte l'école !

Bien plus sympa, par contre, ma soirée. J'ai pensé qu'il serait judicieux de stocker quelques bons points de bienveillance auprès des parents. Alors j'ai décidé de rester à la maison pour célébrer la traditionnelle et assommante Bonfire Night[1] en famille. Papa achète toujours une boîte de feux d'artifice et deux paquets de cier-

1. Bonfire Night (ou Guy Fawkes's Night) : le 5 novembre, les Britanniques commémorent l'échec de la Conspiration des poudres en 1605. Ce jour-là, Guy Fawkes et les conspirateurs voulurent faire exploser le Parlement afin d'assassiner le roi. Au cours de la fête, on brûle un mannequin à l'effigie de Guy Fawkes. Bonfire signifie « Feu de joie » *(N.d.T.)*.

ges magiques pour l'occasion. En fait, dans ces assortiments, il n'existe que trois sortes de pétards : les gerbes d'étincelles, les détonants et les « champignons ». Mais ils les baptisent de façon à vous faire avaler qu'il y en a des tas et des tas de variétés différentes !

Jonathan est encore assez jeune pour s'en émerveiller. Chaque feu d'artifice le faisait couiner de joie, on aurait dit un petit cochon – très trognon. Moi, j'ai joué le jeu de l'enthousiasme mitigé. Après les incontournables saucisses aux haricots de la Bonfire Night, j'ai fait griller mon marshmallow sur le feu et, hop, j'ai retrouvé ma liberté ! À vingt heures. Tout ça a été très vite, grâce à Jonathan. C'est un enfant gâté, un capricieux qui n'a pas voulu attendre une heure convenable pour entamer les festivités.

Comme ça, j'ai pu rejoindre Nick même pas une demi-heure plus tard ! On a assisté au feu de joie : GÉANT ! Ensuite, on est allés au pub. Je n'ai pas enfreint la loi, j'ai juste bu un Coca. Mais j'ai vu Cathy, là-bas. Et elle a commandé de l'alcool... Vu dans quel état se trouve sa mère à cause de ça, ça aurait dû l'en dégoûter.

5 novembre

Nous avons eu une vraie soirée en famille. C'est de plus en plus rare, maintenant que Jenny est grande. Nous avons toujours fêté la Bonfire Night ensemble, et même Jenny n'a pu se résoudre à déroger à la coutume, malgré l'insistance de Monsieur Merveille, son nouvel amoureux, à vouloir dîner avec elle. Jenny a trouvé un compromis. Elle l'a rejoint après, vers vingt heures. Elle a beau se donner des airs de jeune fille indépendante et tout, elle a encore besoin de retrouver ses racines de temps en temps ! Elle était presque aussi excitée que Jonathan, hier soir, devant les feux d'artifice.

Mike et moi, on n'a pas trop le moral, en ce moment. Oh, rien de bien précis, un besoin de changement, peut-être. Les années passent si vite. J'ai l'impression de m'enliser dans la routine sans avoir l'énergie de réagir. Nous avons décidé de nous octroyer un week-end en France, avant le grand marathon des fêtes de fin d'année. Mike a un congrès à Paris, bientôt, et il peut échanger son billet d'avion en classe affaires contre deux classe touristes. Je vais l'accompagner, et comme ça nous passerons deux jours dans la capitale, après son travail. Je n'ai pas encore osé l'annoncer aux enfants... C'est la mère de Mike qui les surveillera. J'entends Jenny d'ici...

12 novembre

C'est horrible ! Je viens de réaliser : les examens blancs, c'est dans trois semaines ! J'ai encore tellement de trucs à rattraper avant de pouvoir me mettre à réviser... ! À cause de ça, j'ai été obligée de dire à Nick qu'on ne se verrait pas, ce week-end. Il n'a pas été ravi-ravi. On dirait qu'il a déjà oublié ce que c'est, les études. Ou alors, il s'en est toujours fichu. Mais je refuse que des tonnes d'ennuis s'abattent sur ma tête – ce qui ne manquera pas d'arriver si je loupe tous mes exams ! Alors, je vais me montrer super raisonnable et faire de gros efforts.

16 novembre

Travailler, travailler, travailler... Si je dois encore lire ou écrire UN MOT, je hurle !

Pourquoi devons-nous souffrir autant ? Je crois que je préférerais encore passer ma vie à fouiller les poubelles plutôt que d'endurer tout ça juste pour avoir un métier correct. J'ai voulu appeler Nick, tout à l'heure, pour lui dire que finalement on se voyait. Si je continuais mes devoirs, j'allais devenir folle. Mais il était déjà sorti, avec Adam et Jake. Sur le moment, ça m'a agacée, mais c'était injuste. Ce n'est pas parce que je mène une vie atroce qu'il ne doit pas profiter de la sienne.

16 novembre

Ce fut un week-end paisible. J'étais de permanence aux urgences, samedi matin, mais, pour une fois, ce n'était pas la folie. J'ai pu me débarrasser de la paperasse en retard pendant que Michelle assurait la réception. On n'a pratiquement pas vu les enfants, à la maison. Jonathan est allé jouer chez un ami et Jenny est restée plongée dans ses bouquins. L'approche des examens blancs la stimule enfin. Mieux vaut tard que jamais ! J'admire sa volonté. Elle a même sacrifié Nick à ses révisions. J'aimerais apprécier davantage ce garçon... Il est toujours poli, bien habillé, attentionné, mais, je ne sais pas, quelque chose me gêne, chez lui. Peut-être est-il un peu trop doucereux, un peu trop charmeur. Ou peut-être suis-je jalouse : au fond, tout cela, c'est bel et bien fini, pour moi...

18 novembre

Papa et maman vont passer quatre jours à Paris, début décembre. Quel gâchis ! À leur âge, on n'apprécie plus vraiment les endroits romantiques... Nick et moi, on en profiterait bien mieux ! Par contre, je n'aurais jamais dû le leur dire, ça. Maman, très calme, a juste répondu qu'elle savait qu'elle vieillissait, mais qu'elle n'avait pas encore un pied dans la tombe. J'ai honte, maintenant. En tout cas, je suis déjà punie : mamie Murray vient s'installer à la maison en leur absence ! Depuis ma fête d'anniversaire qui a mal tourné, l'année dernière, elle est persuadée que j'ai « besoin d'être sérieusement guidée sur les routes de la vie ». J'ai droit à des tas de lettres de sa part, pleines des sages conseils qu'elle puise dans les livres de Prudence Vertu.

Une chose est certaine : à son époque, l'adolescence n'existait pas encore.

18 novembre

Nous avons annoncé la nouvelle aux enfants, pour Paris : on ne peut pas dire qu'ils aient été enchantés... Jonathan a éclaté en sanglots parce qu'il veut partir en voyage, lui aussi. Et Jenny nous a jeté un regard atterré avant de glisser que nous avions passé l'âge des week-ends en amoureux. Je commence à en avoir assez, de son attitude envers nous. Nous n'en sommes pas encore arrivés au stade du fauteuil roulant et des pantoufles, quand même !

Mais, après tout, je m'en fiche. Avec Mike, nous avons besoin de ce break. Et puis, je n'ai pas revu Paris depuis avant la naissance de Jenny et j'ai toujours rêvé d'y retourner. Il y a quelque chose de magique dans l'air, là-bas. Ça va être merveilleux. Rien que Mike et moi, dégustant du chocolat chaud près des Champs-Élysées... Je grouperai tous mes achats de Noël pour le jour où Mike travaillera. Comme ça, après, nous n'aurons plus qu'à jouer les touristes, tous les deux. J'ai hâte d'y être !

26 novembre

J'ai passé la soirée chez Nick – ses parents sont absents pour le week-end – et on s'est un peu laissé emporter par nos émotions... J'ai eu du mal à ne pas céder à ses avances, je l'aime tellement. Il a essayé de me convaincre, mais je ne veux rien accepter avant d'être sûre et certaine d'être amoureuse pour de bon. Apparemment, Nick ne partage pas cette façon de voir ; j'éviterai ce genre de situation, dorénavant !

Parfois, j'envie Cathy. Elle se jette sans réfléchir à la tête de n'importe quel garçon qui lui plaît. Moi, ce n'est pas possible, je me pose des tas et des tas de questions. Est-ce que j'aime suffisamment ce garçon ? Est-ce que je peux avoir assez confiance en lui pour... ?

Maman dirait que ces doutes sont une bonne chose, qu'ils me protègent, qu'ils m'empêchent de faire une bêtise. Enfin, *j'imagine* qu'elle dirait ça, parce que, bien sûr, on ne peut pas parler de ces trucs-là avec ses parents. Je suis peut-être une fille sensée, avec la tête sur les épaules, mais les idiotes se prennent moins la tête que moi !

28 novembre

Jonathan a fini par se faire à l'idée de notre voyage. Sa mamie le gâte tant ! Et puis, je lui ai promis un beau jouet de France... Je devrais m'inquiéter que notre fils soit si facilement « achetable », pourtant, cette fois, cela m'arrange plutôt ! Jenny boude encore un peu. Je la trouve très calme, ces deux derniers jours. Je crains qu'il n'y ait de l'eau dans le gaz, avec Nick. Lorsqu'il a appelé, ce soir, elle m'a demandé de répondre qu'elle n'était pas là. Une nouvelle rupture amoureuse serait désastreuse, avec ses examens blancs qui approchent...

4 décembre

Coup d'envoi des exams : deux épreuves dans une seule et même journée pour Jenny-La-Vernie ! Quand je pense que Sadie est rentrée chez elle *à midi* et que ses épreuves ne reprennent que dans deux jours, ça me rend dingue !

Je me sens vidée. En plus, j'ai dû tout louper. Les maths n'étaient pas trop dures, c'est juste que je n'arrivais pas à me concentrer...

Je me suis disputée avec Nick, hier soir. J'ai refusé de sortir, il fallait que je révise. Et puis, je n'allais pas passer une nuit blanche la veille de *deux* épreuves ! Moi qui croyais qu'il m'approuverait...

Ses copains me méprisent. Alors Nick fait comme s'ils n'existaient pas. Il n'y a qu'à voir la façon dont il les évite quand on les croise ! Il faut dire qu'ils sortent avec des filles plus âgées, qui gagnent de quoi se payer plein de fringues et qui sont libres tous les soirs... Ce n'est pas ma faute si je n'en suis *malheureusement* pas encore là ! Nick dit qu'il comprend, mais entre ce qu'il prétend et ce qu'il ressent en vérité... Donc, ça m'a minée, cette dispute : bravo pour les révisions. Ce matin, il a téléphoné pour s'excuser et me souhaiter bonne chance. C'était quand même un peu tard !

Les parents partent demain. Maman est aux anges. Elle fredonnait en préparant ses bagages et des notes de recommandations pour mamie. La vieille sorcière sera déjà là quand on rentrera de l'école avec Jonathan. Dans le meilleur des cas, elle ne me lâchera pas une seconde. Grand-père ne viendra pas, lui ; il participe à un tournoi de pétanque. Super excitant, non ?

4 décembre

Les valises sont bouclées, billets d'avion et passeports attendent sur la table de chevet... J'en tremble d'impatience. Une vraie gamine ! Nous devrions prendre ce genre d'initiative plus souvent, avec Mike, nous rappeler que nous ne sommes pas uniquement des parents.

Les examens de Jenny ont commencé ce matin. Dommage qu'elle n'ait fait des efforts qu'au dernier moment. J'espère qu'elle s'en tirera bien. Je lui ai demandé comment cela s'était passé, elle s'est contentée de hausser les épaules en bougonnant : « Ça va, ça va... »

Je me souviens qu'à sa place, ces jours-là, j'avais le sentiment que la terre s'arrêtait de tourner, que mon avenir se résumait à un paquet de copies et un stylo. Je me sentais punie, seule au monde, soudain privée de « la vraie vie ». J'ai voulu partager ces impressions avec Jenny ; elle m'a regardée comme si j'étais folle à lier.

6 décembre (à Paris)

Je ne suis pas déçue, bien au contraire ! Le froid est vif, sec : le temps idéal pour baguenauder. Pendant que Mike assistait à son congrès, j'ai presque terminé les emplettes de Noël. Les marchés, les grands magasins... un régal ! Tout est tellement plus facile quand on n'a à se soucier ni du boulot, ni des courses pour le dîner. Ce soir, nous avons fêté la fin du travail de Mike dans un petit restaurant tranquille, avec vue sur la Seine. Ensuite, on s'est baladés dans « Paris by night » – enchanteur, et Mike m'a offert un bouquet de roses rouges. C'est la magie de cette ville : du romantisme à l'état pur !

Nous avons aussi réservé des places pour un ballet : Les Sylphides. *Nous irons demain, après avoir visité Notre-Dame et le Sacré-Cœur.*

8 décembre

Dernière nuit à Paris. Si seulement nous pouvions rester ici... mais les enfants me manquent ! Ces quelques jours se sont déroulés comme dans un rêve. Nous nous sommes retrouvés projetés des années en arrière, avec Mike. Nous avions tout de ce jeune couple d'amants que nous formions autrefois, et qui découvraient Paris émerveillés. C'est qu'il nous reste finalement encore pas mal d'ardeur et d'enthousiasme !

10 décembre

Papa et maman sont rentrés hier. Ils ont dû bien s'amuser, à Paris... Ils n'arrêtent plus de se sourire, de se tenir par la main ; ils s'embrassaient même dans la cuisine. À leur âge ! Ça fait pitié. J'espère qu'ils ne nous préparent pas une crise de la quarantaine ; je ne pourrais pas assumer des parents névrosés, moi, pas en ce moment !

Pour les examens blancs, ces bourreaux de profs ont groupé trois épreuves sur deux jours, dont littérature – et je n'avais rien révisé... Je suis allée boire un verre avec Nick, hier soir. Il voulait m'emmener chez lui mais je savais que ses parents étaient absents, alors je me suis dégonflée sous prétexte que je devais travailler. Je regrette d'avoir refusé, maintenant. Ma vie est si vide, si triste et si nulle !

10 décembre

Eh bien voilà, les enfants auront survécu à l'absence de leurs parents. On peut dire qu'on leur a manqué ! Jonathan nous a accueillis par un retentissant « qu'est-ce que vous m'avez rapporté ? », et Jenny par ses « c'est pas juste ! » habituels... J'ai fixé une photo du Sacré-Cœur sur la porte du réfrigérateur, histoire de ne pas oublier que la vie, c'est ça aussi !

Les gamins ont beau s'ingénier à me rappeler que le bon temps est désormais révolu pour moi, rien ne me retirera la magie de notre séjour en France.

C'était comme une seconde lune de miel, sauf que, cette fois, nous avions plus d'argent. Bâtir un foyer, une carrière, élever des enfants... tout cela nous avait presque fait oublier combien nous sommes romantiques, au fond de nous. Savoir Mike auprès de moi et pouvoir me confier à lui est primordial. Le reste, c'est du superflu. Je me demande si Jenny comprendra jamais cela. Il semble que les adolescentes jugent de la valeur d'un garçon sur la qualité de ses baisers... et sur sa voiture !

15 décembre

Je n'ai rien écrit depuis cinq jours ; rien à signaler que : EXAMENS BLANCS. Ça n'en finira jamais ! Réviser, manger, s'encourager mutuellement, passer les épreuves. Réviser, manger, etc. Nick ne m'appelle pas. D'accord, je lui ai demandé d'attendre la fin des examens, mais il pourrait le faire *quand même* ! Il ne m'arrive rien, ni à moi ni à mes copains, qui vaille la peine d'en parler. Le seul potin un peu valable, c'est que Potter Potiche a été vu hier en train de draguer Miss Jones pendant la récréation. Tu parles d'un scoop... Je ne sais pas ce qui se passera, mais, en tout cas, ils sont faits l'un pour l'autre. Plus bizarres, tu meurs. Ils s'habillent tous les deux comme des clowns aveugles et ils consacrent la majeure partie de leur vie à pourrir celle des autres – et la mienne en particulier.

Allez, assez ri... J'ai encore pas mal de révisions...

15 décembre

Impossible de souffler au boulot, aujourd'hui : c'était le chaos. Les ambulances arrivaient et repartaient à un rythme d'enfer. On a eu droit à quatre accidents de la route, deux jambes cassées et une tentative de suicide. Noël ne sera pas joyeux pour tout le monde... Travailler au service des urgences d'un hôpital, il y a de quoi devenir dépressif ! Surtout quand on doit subir les plaintes incessantes d'une fille renfrognée après une dure journée de labeur.

Si j'entends encore un mot *à propos des examens de Jenny, je hurle.*

18 décembre

Ouf, fin des exams aujourd'hui ; plus que demain et... VIVE LES VACANCES ! Je me sens géniale – question humeur, pas intelligence. Mais tant pis pour les résultats. L'important, c'est que ce soit enfin TER-MI-NÉ !

Je ferai mes achats de Noël ce week-end. Je serai aussi une fille modèle et une grande sœur idéale. Les parents m'ont super soutenue, pendant les examens. Maman s'est intéressée à tout ce que ressentais ; même Jonathan a essayé de m'aider. C'était trop chou, ses dessins ! Et il m'a offert des bonbons sur son propre argent de poche. Je lui ai promis d'aller avec lui acheter un beau cadeau pour papa et maman. Après, je lui réserve une surprise : je l'emmène au ciné voir le film de Noël. Nick devrait nous accompagner. Il trouve mon petit frère casse-pieds sur les bords, mais il se montre toujours hyper sympa envers lui.

19 décembre

Les enfants débordaient de joie, en rentrant de l'école, aujourd'hui. Ils sont en vacances de Noël et, pour eux, les fêtes ont déjà commencé ! Mike ira chercher le sapin demain. Il est en congé ce soir, lui aussi, et jusqu'au 1er janvier inclus. Belle revanche sur l'an dernier, où il n'avait même pas pu passer Noël avec nous à cause de son travail ! Nous partons le 23 dans le Devon, chez maman et papa ; on va avoir un « vrai » Noël, dans la plus pure tradition. J'ai déjà hâte d'y être ! Jenny aura sûrement du chagrin qu'on l'arrache à son Nick-Chéri. Je la laisserais bien ici mais... elle fait partie du lot ! Des fêtes en famille sans elle, cela ne ressemblerait pas à grand-chose, qu'elle proteste ou non.

20 décembre

Nouvelle dispute avec Nick : ça devient une habitude ! Il est fâché que je parte car il fête ses 18 ans le 24 décembre. Grandiose. On se demande quel besoin il a de bousiller le réveillon avec une soirée qui se terminera en bagarre d'alcoolos, vu ses copains ! En plus il est du 3 janvier ! Et puis, en imaginant que les parents me laissent ici (ce qui m'étonnerait drôlement), ils seraient trop malheureux que je ne vienne pas avec eux. Sans compter Jonathan.

Je ne sais plus où j'en suis. Je craque complètement pour Nick – sa maturité, son esprit, ses baisers IN-COM-PA-RA-BLES. Quand on est ensemble, je pourrais DONNER MA VIE pour lui. Mais dès qu'on s'éloigne l'un de l'autre, je me mets à voir tous ses défauts. Il est possessif, pas très compréhensif. Sadie et Cathy disent que ce n'est pas de l'amour, entre nous, mais uniquement du désir. Mouais... Finalement, passer les fêtes loin de lui me permettra peut-être de prendre du recul...

29 décembre

De retour du Devon, bien reposés après un Noël très paisible. Aucune fausse note ; même Jenny s'est amusée, elle s'est d'ailleurs tenue écartée du téléphone avec une constance remarquable. Le jour du Boxing Day[1]*, nous avons rendu visite aux amis de maman et papa, des fermiers. Les enfants sont tombés dingues d'un agneau de deux jours, un orphelin. Nous avons passé des fêtes très bucoliques, authentiques, dans l'esprit de la région. Exactement comme celles de mon enfance. Et je suis ravie que Jonathan*

1. Boxing Day : le 26 décembre. La tradition voulait qu'on distribue ce jour-là des pourboires de Noël, des Christmas Boxes, à ses employés *(N.d.T).*

et Jenny aient la chance de connaître cela bien que nous n'habitions pas la campagne...

Serrer le petit agneau contre moi tandis qu'il tétait son biberon m'a fait un drôle d'effet. Je me sentais très calme, très maternelle. Cela m'a donné envie d'un bébé, un petit troisième... Après tout, on a encore l'âge, avec Mike. En fait, je ressens quelque chose d'étrange, depuis Paris. Je serais enceinte que cela ne m'étonnerait pas...

31 décembre/1er janvier

Plutôt pas mal, ce Noël dans le Devon. On a beaucoup mangé, beaucoup bu. J'ai reçu des super disques et, surtout, plein, plein d'argent. Personne ne savait trop quoi m'offrir. Ils se sont tous excusés mais je préfère m'acheter moi-même des trucs. Au moins, ça me plaira. Les gens de ma famille ont de ces goûts...

Nick est passé me voir dès mon retour. Il a eu une voiture, à Noël ! Elle est un peu vieille, mais elle roule. On est allés chez Sadie, histoire de lui proposer de faire un tour jusqu'au pub, à elle et à son amoureux un peu disjoncté. J'ai célébré l'arrivée du nouvel an avec un Coca : raisonnable, non ?

Ma Bonne Résolution de l'année : devenir végétarienne. La semaine, pour commencer ; je n'abandonne pas encore le rôti du dimanche, sauf si c'est du gigot d'agneau : plus question que je mange de *ça* ! J'ai eu ma dose de viande, ces derniers temps. Dinde chez Sadie, dinde chez Cathy, dinde chez Nick... J'ai fait mon devoir en aidant leurs mères à terminer les restes ! Alors, adieu la viande : Jenny se met aux légumes !

4 janvier

Nous hébergeons de nouveau Cathy. Sa mère a replongé. Et en beauté !

C'était chouette, elle n'avait pas bu au réveillon du premier de l'an, et puis voilà qu'hier, elle déboule aux urgences, ivre, pissant le sang et ne sachant plus qui elle était. Une chance que maman ait été de service à ce moment-là. Pauvre Cathy ! En fait, sa mère avait disparu depuis deux jours, et elle n'avait rien osé dire à personne... Papa a ramené Cathy à la maison. Pour sa mère, elle dit que maintenant elle s'en fiche, mais on voit bien que ce n'est pas vrai. Comment une femme peut-elle faire subir un truc pareil à sa fille ? Et à elle-même ? C'est horrible. L'alcool détruit tout ; moi, je ne boirai jamais.

Nick a invité quelques copains à son anniversaire. En lui donnant son cadeau, je lui ai raconté, pour la mère de Cathy ; il a juste haussé les épaules en marmonnant que bof, ça s'arrangerait. Quel sans-cœur ! Je n'ai pas voulu gâcher l'ambiance mais j'ai failli exploser, surtout qu'il y en avait qui n'y allaient pas de main morte, côté alcool ! Ils voulaient avoir l'air « cool »... C'est comme ça qu'elle a dû commencer, la mère de Cathy. Et le pire, c'est qu'au lieu d'être dégoûtée, Cathy prend le même chemin ! Ça la pousse à faire n'importe quoi ; son amoureux, par exemple : une vraie épave, je me demande comment elle peut l'embrasser !

Mais, à part ça, les vacances de Noël ont vraiment été super. Seulement deux disputes avec Nick. Et plus d'examens !

Oups, j'ai oublié ma Bonne Résolution : j'écris en mangeant un gros sandwich au jambon. Tant pis, je me rattraperai dimanche en me privant de rôti...

4 janvier

Quelle vie... Hier matin, la mère de Cathy s'est présentée aux urgences dans un état tel que je l'ai à peine reconnue ! Elle s'est écroulée sur mon bureau. Elle était si saoule qu'elle ne savait plus ni qui elle était, ni où elle était. C'est un passant qui l'a laissée à la porte de l'hôpital. Elle baignait dans son sang. Probablement une bagarre d'ivrognes. Heureusement que c'est arrivé durant mon service, sinon... Nous sommes aussitôt allés chercher Cathy qui se morfondait, seule chez elle, depuis deux longues nuits. Elle restera avec nous le temps nécessaire.

Je suis montée voir Gloria, tout à l'heure. Elle gisait, à demi inconsciente. Les effets de l'alcool, à moins qu'on ne lui ait administré des sédatifs... Le docteur est pessimiste. Il dit que son foie est fichu, qu'elle ne se remettra peut-être pas de cette dernière cuite. Cathy a refusé de m'accompagner, elle a carrément renié sa mère. Pourtant, elle a un chagrin monstre, ça crève les yeux. Quand je regarde ma Jenny, je me demande comment une mère peut se conduire ainsi, au point de risquer de perdre l'amour de sa fille. Mais je ne jugerai pas Gloria. Je ne sais pas comment j'aurais réagi, dans sa situation. Je remercie le Ciel de m'avoir accordé tant de belles choses, dans ma vie.

7 janvier

Le lycée a repris – hélas. Et on n'aura pas les premiers résultats des examens blancs avant la semaine prochaine au mieux. Les profs se la sont tous coulée douce, à Noël ! Avec autant de congés, on aurait pu croire qu'ils feraient un effort spécial et corrigeraient quelques copies quand même !

À propos... Jen Walsh aurait surpris Potter Potiche et Miss Jones ensemble en voiture, samedi, à un feu rouge et, en la voyant, la mère Jones aurait piqué un fard ! Preuve que cela cache quelque chose... Avec Sadie, on a essayé de les imaginer en train de s'embrasser, d'échanger des mots doux... En français, car, d'après ma copine, c'est vachement plus sexy. D'ailleurs, en cours, aujourd'hui, elle a demandé à Potter s'il savait parler français. Il a répondu oui, et puis il a rougi et il a prié Sadie de ne pas lui jeter « ce regard de merlan frit » !

Cela démontre au moins l'immense pouvoir de l'amour. Il peut arriver à n'importe qui... même aux yétis et aux vieilles filles à verrues !

8 janvier

Nick m'a emmenée dîner pour me consoler de la fin des vacances. Ensuite, il m'a reconduite à la maison. On est restés longtemps dans sa voiture, à bavarder, s'embrasser ; le pare-brise était tout embué ! En fait, je ne l'aime plus autant qu'avant... On va nulle part, tous les deux. Il est marrant, pas radin, mais quel égoïste ! Il faudrait que tout soit toujours comme *lui* veut ; mes copains, mes devoirs, tout ça, ça ne compte jamais. Par contre, il adore traîner au pub avec ses potes, maintenant, moi pas. Je ne prends que du cidre, rayon alcool. Au moins, Nick ne boit presque pas, depuis qu'il a une voiture...

Cathy habite encore chez nous ; sa mère doit être gravement atteinte, mais elle refuse toujours de lui rendre visite. On s'est disputées, à cause de ça, ce soir. Je lui ai reproché de ne pas avoir de cœur, et elle a répondu que je n'étais qu'une crétine-pourrie-gâtée-à-sa-maman qui ne connaissait rien à la vraie vie ! Elle a ajouté que Nick racontait partout que j'étais frigide et qu'il allait bientôt me lâcher !! (Je ne voulais pas écrire ça : c'est cruel, et je n'y crois même pas, mais je n'arrête pas d'y repenser...)

En nous entendant crier, maman m'a emmenée dans sa chambre et elle m'a demandé *à moi* d'être un peu plus compréhensive !

8 janvier

Cathy et Jenny viennent d'avoir une terrible querelle, et je ne sais pas à quel sujet. La cohabitation commence à leur peser...

J'ai fait un test de grossesse, aujourd'hui. Résultat positif. J'ai du mal à y croire. Je l'ai immédiatement annoncé à Mike. Il est devenu blanc comme un linge en bredouillant qu'on ne pouvait pas se fier à ces machins-là. Je vérifierai dans deux jours, et puis j'irai chez le médecin, la semaine prochaine. Mais, au fond de moi, je sais que je suis enceinte. J'en ai la certitude. Au début, j'ai pensé que Mike était fâché mais il est juste inquiet pour moi. En fait, nous serions tous les deux fous de joie d'avoir un bébé, malgré les bouleversements que cela occasionnerait !

Je ne veux pas ébruiter la nouvelle, pas tant que les trois premiers mois ne seront pas passés. Après, il y aura moins de risques de fausse couche et autres complications. À mon âge, il faut se montrer un peu plus prudente. Et je refuse que les enfants se fassent du souci inutilement. Et puis, quand on voit les histoires que Jenny a pu faire pour notre escapade à Paris, avec Mike, j'imagine d'ici sa réaction...

Un bébé... J'ose à peine y penser...

14 janvier

Bonne nouvelle. Cathy est *enfin* retournée chez elle. Son frère aîné est rentré de l'armée, et il a réussi à la persuader de l'accompagner rendre visite à sa mère. Ce qui est génial, aussi, c'est de pouvoir cancaner *tranquillement* avec Sadie (même si j'avais du chagrin pour Cathy). On ne s'est pas beaucoup vues, ces derniers temps. On a bavardé toute la soirée, on avait plein de trucs à se confier, et j'ai refusé de sortir avec Nick ; bien sûr, ça a fait des histoires... On n'a plus grand-chose en commun, tous les deux. Si j'avais du culot, je romprais tout de suite, mais je ne veux pas le blesser, non plus.

À propos de culot, David Slater, le Ver Rampant, m'a coincée dans le couloir, aujourd'hui. Il m'a demandé comment j'allais, je n'ai rien répondu. Il a insisté : « Allez, quoi, soyons bons amis. » « Va mourir », j'ai craché. Il en est resté baba, humilié ! Je me demande ce qu'il mijote...

Maman aussi, je me demande ce qu'elle mijote. Elle est toute bizarre, en ce moment. Perdue dans ses rêves. J'ai renversé du soda sur le précieux tapis du salon, hier, et elle m'a juste prié d'avoir « la gentillesse d'arranger ça » ! Sans compter qu'elle laisse Jonathan faire n'importe quoi. Avec papa, ils ont remis ça : se tenir par la main, se coller des bisous... Et ça dure depuis leur voyage à Paris ! Lamentable !

20 janvier

C'est officiel : je suis enceinte ! Le docteur prévoit le bébé autour du 9 septembre. D'après elle, je n'ai pas à m'inquiéter. Accoucher à mon âge est monnaie courante, de nos jours. Je suis même moins malade que pour les deux autres, jusqu'ici. Quelques nausées dans le courant de la matinée, mais rien de bien méchant. Le docteur me suivra de près. Tout va pour le mieux. Mike et moi nous attendrons avant d'en parler aux enfants. Je déteste cela, mais... c'est par superstition, sans doute. Et un peu par crainte de leur réaction, aussi.

Comme Jenny flairerait aussitôt l'embrouille si

nous décidions de sortir « sans raison », nous avons raconté que Mike restait tard au bureau et que j'en profitais pour aller voir une amie. Nous pouffions comme un jeune couple, en nous rejoignant au restaurant ! Nous nous sommes bien amusés en imaginant qu'on nous prendrait en flagrant délit et en mettant au point la fin de notre supercherie. Il fallait nous mettre d'accord sur nos mensonges, avant de rentrer ! De vrais adolescents ! Ce bébé, notre séjour amoureux en France, c'est du piment dans nos vies, un nouveau départ. Je me sens heureuse, mais heureuse... !

21 janvier

Je me sens mal. Très mal.

Je savais que maman nous préparait un truc, mais *pas ça* ! Jamais je n'aurais cru cela d'elle, une telle trahison... Je la soupçonne D'AVOIR UNE LIAISON !

Hier soir, elle m'a demandé de surveiller Jonathan pendant qu'elle rendrait visite à sa copine Liz. Papa devait justement travailler tard au bureau. J'ai appelé Sadie et on a passé un chouette moment ensemble – on a promis un Mars à Jonathan s'il se couchait sans nous embêter.

Et puis voilà que vers vingt et une heures Liz a téléphoné ! Elle voulait parler à maman ! J'ai assuré un max, vu les circonstances. J'ai répondu que maman était chez une amie mais que je pouvais prendre un message. Liz n'avait rien à dire de particulier, c'était juste histoire de bavarder et, de toute façon, elles se verraient mercredi.

Sadie s'est rendu compte que quelque chose clochait, mais qu'aurais-je pu lui confier ?! Maman m'a joué un sacré tour de cochon. Et s'il y avait eu un problème, à la maison ? Le feu, ou je ne sais pas... Si j'avais dû l'appeler au secours, hein ? Maman trompe papa ; je ne vois pas d'autres raisons de nous mentir à tous. Quand je pense à papa qui se crève en heures sup au boulot pour le confort de son foyer ! Mais comment ose-t-elle ? Et moi, qu'est-ce que je vais faire, maintenant, de cet affreux secret ?

28 janvier

Maman a revu son amant. Elle était de matinée, à l'hôpital, mais lorsque je suis rentrée des cours, elle n'était pas à la maison, et elle avait conduit Jonathan chez une amie. Après, je lui ai demandé où elle était, elle a carrément éludé la question.

Tout s'éclaire, à présent. Le petit manège des tourtereaux, avec papa, c'est logique. D'abord, maman doit se sentir un peu coupable, et puis, elle ne veut pas éveiller les soupçons de son mari... Ma propre mère qui est capable de fourguer son fils à une voisine afin de passer du bon temps ! Et papa qui la couve d'œillades énamourées comme si elle était la huitième merveille du monde ! Si seulement il savait, le pauvre... Mais je dois me taire, je lui briserais le cœur.

Je suis sortie avec Nick, ce soir. Au pub, comme d'habitude. J'ai réalisé tout d'un coup que j'en avais ras le bol de tout cela, ras le bol de lui. Quand il m'a ramenée, j'ai suggéré qu'on devrait peut-être arrêter là. Il n'a même pas discuté ! Il a dit qu'il y pensait aussi depuis un moment et qu'on n'était sans doute pas faits l'un pour l'autre, qu'on n'attendait « pas les mêmes choses de l'avenir ».

Ça, aucune hésitation ! Ce que lui envisage est CEN-SU-RÉ ! Alors voilà. Je me retrouve célibataire, avec une dévergondée en guise de mère. Elle n'est pas belle, la vie ?

28 janvier

Jenny a un comportement très étrange, ces derniers jours. Elle ne cesse de me demander où j'étais, ce que j'ai prévu après le boulot... comme si elle avait la conviction qu'il va m'arriver quelque chose. Elle me fusille du regard, une hostilité qui masque un profond désarroi et, je crois, une peur bien ancrée. Peut-être avons-nous tort de lui cacher la vérité, au sujet du bébé...

Première consultation à l'hôpital.

Jonathan était invité à goûter chez un ami, je n'ai même pas eu besoin d'inventer une excuse pour ne pas aller le chercher à l'école. Les choses ont drôlement évolué, depuis sa naissance. La technologie a fait un bond prodigieux, et les équipes médicales ont considérablement rajeuni – signe indéniable que je vieillis ! Tout paraît en ordre. Par précaution, ils m'ont fait une analyse de sang, et je dois revoir mon médecin le mois prochain. La routine d'une femme enceinte, quoi.

Jenny m'attendait de pied ferme, à la maison. Elle voulait savoir où j'étais, si j'avais revu Liz... Elle me surprendra toujours : en quoi cela peut-il la déranger que je voie une bonne copine ? En fait, je pense que les choses se corsent, entre elle et Nick. Ils passent beaucoup moins de temps ensemble. Jenny reste le soir à la maison, le nez plongé dans ses devoirs, et quand ils sortent, le week-end, elle n'a plus le même éclat dans les yeux, à son retour...

En tout cas, l'atmosphère est très tendue, entre nous... J'espère que Jenny réglera ça elle-même.

7 février

Ils nous ont enfin distribué les premiers résultats des examens blancs, aujourd'hui...

Anglais : B[1] ; Littérature : C ; Français : D ; Maths : D.

Inutile de préciser qu'avec les D, j'ai eu droit au sermon en règle : « Je te l'avais bien dit, qu'il fallait travailler. » Sérieux. Les profs pensent qu'à seize ans, on n'a aucune vie en dehors des devoirs ! J'ai planché des heures et des heures chaque semaine, et si je n'y arrive pas, c'est que je suis nulle, pas que je n'étudie pas ! Alors quoi ? Je devrais me cloîtrer, ne plus voir personne, ne plus m'amuser, plus de télé et même plus le temps de me laver... ? J'étais tellement déprimée que j'ai englouti un sandwich au

1. Dans les pays anglo-saxons, on note avec des lettres. C représente environ la moyenne, entre 10 et 12 sur 20 *(N.d.T.)*.

bacon ; ensuite j'ai culpabilisé tout l'après-midi.

J'ai décidé de ne rien dire aux parents. Si mes prochaines notes sont meilleures, les D passeront plus inaperçus... Et puis, avec leur mariage qui bat de l'aile, rapport à l'idylle secrète de maman, je ne voudrais pas risquer de tout déballer à papa en me disputant à cause de mes mauvais résultats !

Là, ils m'inquiètent vraiment, les parents. Qu'est-ce qu'on deviendra, Jonathan et moi, s'ils se séparent ? Pourtant... plus j'y pense, moins je crois maman capable de tromper papa ; ils semblent si heureux, tous les deux ! Oui, mais alors comment expliquer toutes ses manigances, tous ses mensonges ? Il se trame vraiment un truc bizarre, et je donnerais cher pour savoir de quoi il s'agit...

7 février

Nous ne parlerons du bébé aux enfants qu'après l'anniversaire de Jenny. Je ne veux pas risquer de lui gâcher ses seize ans ; après tout, une naissance, c'est une sacrée nouvelle à digérer !

Cette année, Jenny n'a pas réclamé de fête ; celle

de l'an dernier a été un tel désastre que ça a dû l'en dégoûter à vie ! À la place, on l'emmène dîner au restaurant, avec Sadie et Cathy. Je lui ai bien sûr proposé d'inviter Nick, mais elle m'a dit qu'ils avaient rompu. Et moi qui ne m'étais rendu compte de rien !

Le bébé occupe toutes mes pensées. J'ai honte d'avoir négligé ainsi Jenny, et Jonathan. Le pauvre avait l'air si triste en me demandant si on irait enfin au parc après l'école !

Je suis un monstre ! Je dois absolument consacrer plus d'attention aux enfants.

10 février

Jenny n'a toujours pas ses résultats d'examens blancs. Du moins, c'est ce qu'elle prétend ; elle m'a semblé un peu évasive... Peut-être ses notes sont-elles catastrophiques ? Je le souhaiterais presque : ça lui donnerait une sorte de coup de pied au derrière pour le jour J ! Mais elle a un comportement étrange, en ce moment, de toute façon. Elle me regarde avec un de ces airs... tandis que Mike a un traitement de faveur, lui : elle ne s'était encore jamais montrée aussi affectueuse et serviable envers lui. Il est dans ses petits papiers, et moi dans son collimateur ! Pro-

bablement parce que j'ai refusé de lui acheter ce jean, le mois dernier. Mais elle en a cinq rigoureusement identiques ; c'est assez, non ?! En tout cas, je n'aime pas les conflits : je vais accorder plus de temps à Jenny et Jonathan, c'est décidé.

12 février

Maman a juré de nous rendre fous, Jonathan et moi ! Elle ne nous décramponne plus ! Et qu'est-ce que tu fais ? Et où tu vas ?... Mais pas à la manière d'une mère, non. Plutôt d'un air enjoué, camarade. Je suis certaine qu'elle m'accompagnerait aux toilettes, si elle osait ! Jonathan essaye d'échapper à son emprise, histoire de s'amuser tranquillement avec ses Lego, mais elle le traque, comme un missile à tête chercheuse et, une fois qu'elle l'a localisé, elle ne le lâche plus ! Elle le force à jouer à des machins de bébés, le pauvre. L'autre soir, je l'ai trouvé planqué sous mon bureau, son hélicoptère serré contre lui. « Qu'est-ce qu'elle a, maman ? m'a-t-il demandé, le menton tremblant. Elle me laisse jamais ! » Je ne sais pas si on a droit au statut d'enfant martyr dans le cas de débordement PERMANENT d'affection... En tout cas, je suis allée voir maman pour lui dire que je m'occupais de Jonathan dans ma chambre. Comme ça, j'ai pu faire mes devoirs, et lui, il a pu profiter d'une heure de paix pour terminer sa maquette d'aéroport !

12 février

Mes efforts pour passer plus de temps avec les enfants ont eu des effets inattendus. Hier soir, Jenny s'est portée volontaire pour surveiller son petit frère ! Elle l'a accueilli au moins une heure dans sa chambre, et je n'ai pas entendu la moindre chamaillerie. Comme quoi... Il en faut peu pour nous rapprocher les uns des autres. Une ambiance familiale idéale pour le futur bébé...

15 février

Derniers résultats aujourd'hui : D en sciences, D en latin. Ils m'avaient annoncé B en arts plastiques et C en lettres il y a deux jours. Pas de quoi pavoiser ! Il faut admettre que j'ai plutôt rechigné côté révisions... Si je ne mets pas les bouchées doubles, je ne passerai pas en classe supérieure, je n'obtiendrai jamais mon diplôme et je pourrai m'inscrire direct au chômage.

J'ai donné la liste de mes notes aux parents, hier soir. Je pensais qu'ils seraient furieux, mais ils ont juste été désolés pour moi. Papa a dit qu'il souhaitait que je retienne la leçon, et maman a reconnu qu'on commettait tous des imprudences, que l'essentiel était d'assumer et d'en tirer le meilleur parti. Et puis, ils se sont mis à pouffer comme deux gamins. C'est quoi, ce numéro ? si maman lui a avoué son aventure, papa prend ça vraiment super bien ! N'empêche, *moi*, je n'appellerais pas ça une « imprudence »...

David Slater a osé ! Il m'a envoyé une carte pour la Saint-Valentin ! Un truc affligeant rempli de roses et de cœurs, avec un petit mot, à l'intérieur : « J'ai eu tort. Tu me pardonnes ? » Au début, j'ai cru que c'était Nick, mais en croisant David et son sourire infect, au lycée, j'ai tout de suite compris. Il m'attendait, persuadé que sa stupide carte m'aurait attendrie. Tu parles ! Je lui ai asséné que si j'étais la dernière fille sur la terre, et lui le dernier garçon, cela scellerait DÉFINITIVEMENT le sort de l'humanité.

Et PAN dans les dents !

19 février

Sadie est venue à la maison, ce soir. Elle passe tellement de temps avec son Adam qu'on ne se voit presque plus, mais ses résultats étaient mauvais, à elle aussi, et ses parents lui ont interdit de sortir avec son chéri en dehors du week-end.

On avait prévu de travailler toute la soirée, mais, au bout de deux heures, on avait tellement mal au crâne qu'on s'est reposées en discutant. Ça a été génial.

Sadie est VRAIMENT amoureuse d'Adam. Quand elle en parle, son visage s'illumine. Ce qui n'a jamais dû m'arriver lorsque je parlais de Nick...

Il me plaisait vachement, ça oui, mais ce n'était qu'une attirance physique, rien de plus. Heureusement que j'ai résisté ! Pour David Slater, c'était ce que maman appellerait « un amour de jeunesse ». Si j'avais accepté d'aller jusqu'au bout chaque fois que je me suis crue amoureuse, que resterait-il d'unique pour le Véritable-Amour-De-Ma-Vie... s'il se décidait un jour à passer dans le coin ?

Me voici célibataire, et cela me convient parfaitement. Du moins jusqu'à ce que ces fichus

GCSE se terminent. Autant mettre ma vie entre parenthèses et me résigner tout de suite : ma seizième année sera d'un vide absolu.

21 février

Séance shopping avec Liz, après le boulot. Je n'ai pas résisté à l'envie de jeter un coup d'œil aux landaus, au « Bébé Roi ». C'est fou ce qu'on trouve pour les bébés, de nos jours. Sans Liz, j'achetais toute *la boutique ! Je me suis contentée d'une petite grenouillère écossaise sans laquelle je ne serais JAMAIS ressortie de toute façon. J'ai également craqué pour une paire de chaussons, et un bonnet.*

Demain, c'est l'anniversaire de Jenny. Seize ans ! Je n'en reviens pas, je n'ai pas vu les années filer... Me voici mère d'une grande jeune fille, et prête à remettre ça avec un nourrisson ! J'en frissonne de bonheur... et de peur. J'espère qu'on saura se débrouiller. Et puis, la réaction de Jenny me tourmente. La plupart des adolescents n'imaginent pas que leurs parents puissent continuer à s'aimer avec fougue, une fois la famille constituée... Jonathan, lui, sera content, pas de problème. Depuis le temps qu'il pleurniche après un petit frère, comme son copain Sam. Jenny sera sans doute contrariée... Oui, ben, après tout, elle fera avec !

22 février

Je viens de fêter mes *seize ans*... !

Ça a été très classe, comme soirée. Pas comme l'an dernier, avec la bagarre et tout. Papa avait réservé une table dans un restaurant chic, et on a laissé Jonathan chez son copain. Avec Cathy et Sadie, on a passé des heures à se coiffer et à se maquiller. Le résultat était sensas. Dommage qu'on ait dû emmener les parents avec nous, mais c'étaient eux qui payaient !

Le serveur était un chou ; la vingtaine, brun, un regard à mourir, et il m'a souhaité un joyeux anniversaire ! On a bien mangé, mais il n'y avait pas une goutte d'alcool sur la table. Même pas de vin pour les adultes. J'avais fait promettre à Cathy de se tenir correctement, papa conduisait, et, pour une raison qui m'échappe, maman a décidé de ne plus boire du tout. Non, sérieusement, ça a été une super soirée. Et, une fois n'est pas coutume, je n'ai pas eu à rougir des parents !

J'ai été gâtée question cadeaux, aussi : de

l'argent, des chèques-cadeaux chez le disquaire, des cassettes, une montre et, de la part de papa et maman, un nouveau Walkman. Tant mieux : avec mon vieux baladeur, Michael Jackson avait la voix de Cliff Richard !

Oui, ça a été un bon anniversaire.

22 février

Nous avons emmené Jenny, Cathy et Sadie dîner à « La Roseraie », hier soir. Nous aurions peut-être dû choisir un endroit moins huppé, avec le look qu'elles s'étaient donné... Mais elles se sont amusées, c'est l'essentiel.

Je suis allée chez le docteur, aujourd'hui. Tous mes tests sont parfaits. Avec Mike, nous sommes rassurés, fous de joie. Je réalise mal que je suis enceinte pour de bon, je suis si peu malade. Même les légères nausées du matin disparaissent.

Les dés sont jetés : nous avons donc décidé de l'annoncer aux enfants demain. Mon Dieu... je croise les doigts !

23 février

MAMAN ATTEND UN BÉBÉ !!!!

Je n'y crois pas, c'est carrément RÉVOLTANT ! À leur âge, c'est ir-res-pon-sa-ble. On était à table quand, soudain, maman a pris la parole : « J'ai une nouvelle merveilleuse, les enfants ! La famille va s'agrandir. En septembre, vous aurez un nouveau petit frère... ou une nouvelle petite sœur ! »

Tout le monde va se moquer de moi, quand ça se saura... En septembre, moi, normalement, j'entre en terminale ! Au moins, je connais le motif réel des cachotteries de maman. Elle a dit qu'elle voulait s'assurer que tout allait bien avant de nous en parler. Peut-être mais... un amant, ça reste secret pour les voisins, tandis qu'un bébé, ça finit forcément par se savoir !

Je suis super fâchée contre les parents. Et contre moi. Sous le choc, j'ai sorti des trucs horribles, des trucs trop honteux pour que je les répète là. Maman a pleuré, papa est devenu blême et j'ai quitté la pièce comme une furie. J'ai pleuré, moi aussi. J'en ai les paupières toutes gonflées. Ensuite, Jonathan m'a rejointe dans ma chambre, et il m'a dit qu'il espérait que ce serait un garçon, pour jouer avec lui.

Alors je suis redescendue et me suis excusée. Maman a souri en prétendant que ça allait, mais, à l'évidence, mes paroles l'avaient secouée. Je ne pouvais pourtant pas lui dire que je ne les pensais pas, elle aurait tout de suite vu que je mentais...

Pauvre bébé ! Il héritera de parents grabataires, quand il aura mon âge, et il n'a rien demandé à personne ! Il faudra assumer... se débrouiller pour faire oublier la honte qui éclabousse la famille. Je sais que je pourrai compter sur le soutien de Cathy et de Sadie. C'est dans ces périodes de crise intense que l'on reconnaît ses véritables amis...

23 février

Et voilà, c'est dit.

En apprenant la nouvelle, Jonathan a immédiatement fondu en larmes : « Et puis, vous mentez, et puis, de toute façon, je n'en veux pas, de bébé ! » Il a fallu que Jenny enfonce le clou. Elle a commencé par demander de qui était l'enfant ! J'ai cru que Mike allait la trucider ! Elle semblait si sincère, en disant cela, elle doit penser que Mike ne peut plus être père. Après cette première bombe, une deuxième : et l'explosion démographique ? C'est quand même hyper égoïste – à nos âges, en plus ! – de dépasser les quotas. Sans compter l'aspect « honteux » de l'affaire. Et ce bébé, comment il vivra le fait que les autres mères auront vingt ans de moins que la sienne ? Ça m'a blessée, ça, car c'est justement ce qui me tourmente.

Ensuite, Jenny et Jonathan sont montés, ivres de rage, à l'étage. Plus tard, Jenny est redescendue s'excuser, mais nous savions chacune qu'elle pensait chaque mot qu'elle a prononcé... Mike dit qu'il ne faut pas y prêter attention, que c'est une réaction typique de l'adolescence. Quant à Jonathan, sa réponse était juste un effet de surprise car, en se couchant, il n'a pas arrêté de me répéter tout ce qu'il enseignerait au bébé, et les jouets qu'il lui prêterait – il n'a aucun doute là-dessus : ce sera un garçon.

Mike est furieux contre Jenny ; il voulait lui passer un sacré savon, mais je l'en ai dissuadé. Je crois que Jenny se sent si mal qu'elle est déjà bien assez punie, et moi, je suis trop anéantie pour lui en vouloir...

4 mars

Bonjour l'ambiance ! J'ai essayé de me réconcilier avec maman, mais, chaque fois que je la vois, je me remets en colère. Elle se tient sans cesse sur la défensive, alors je me sens coupable, et ça me fâche vachement. C'est un cercle vicieux.

Papa agit plus normalement ; il fait comme s'il ne s'était rien passé, entre maman et moi. Jonathan, lui, m'écœure : il a parlé du bébé à tous ses copains, et maintenant, il trépigne d'impatience ! Maman lui a proposé de les aider à choisir un prénom. Il a déjà trouvé Astérix, Todd ou... Jonathan ! Il ne voit pas pourquoi le bébé ne pourrait pas s'appeler comme lui... Grand Jon et Petit Jon ! Moi, j'aime bien William. Et Elizabeth, pour une fille, ça sonne plutôt bien, non ? On la surnommerait Lizzie, Beth, ou Lisbeth, ça laisse le choix. Seulement, personne ne me demande mon avis, à moi. Normal, après toutes les abominations que j'ai dites. Mais puisqu'il va arriver, j'ai intérêt à assumer !

Je l'ai annoncé à Sadie. Elle trouve que c'est génial. Elle se réjouirait que ses parents soient capables de ce genre de truc. Bref, j'ai tout faux et... de la chance que papa et maman soient si jeunes d'esprit...

Cathy, elle, elle me plaint. Elle dit que les bébés n'apportent que des ennuis et que sa mère a avorté deux fois. Ça m'a terriblement choquée, ça ! Elle en parlait si naturellement, comme d'une solution simple à un « léger problème » ! Moi, je ne pourrais jamais... et je détesterais avoir une mère qui puisse agir ainsi !

Discuter avec mes copines m'a aidée à y voir clair. Un bébé, dans une famille, ce n'est pas une mauvaise chose. Au contraire ! Conclusion : il me reste à convaincre maman que je n'envoie pas d'ondes négatives !

9 mars

Sadie est à l'hôpital. Elle est atteinte d'ostéomyélite, une maladie des os. C'est très grave, et très rare, à son âge. Au début, ses parents croyaient qu'elle avait chopé la grippe, mais leur médecin, qui est justement spécialiste là-dedans, l'a fait transporter d'urgence à l'hôpital. Elle s'est blessée en tombant de vélo, il y a deux semaines, et d'après maman c'est là que l'infection de l'os a démarré. Ça fiche la trouille parce que Sadie n'avait presque rien, elle a juste un peu boité un jour ou deux, et voilà qu'on lui opère la jambe ! Après le plâtre, elle devra garder une attelle un moment. Il faudra peut-être même la réopérer... et je n'ai pas le droit de lui rendre visite avant au moins trois jours ! Sa mère lui a porté un bouquet de fleurs et un petit mot de notre part à tous. J'en suis complètement déboussolée. Et si Sadie mourait ? Quand je pense que la dernière fois qu'on s'est vues, j'étais tellement occupée à geindre sur mon triste sort que je n'ai rien remarqué !

J'ai pleuré, à table, ce soir. Je n'ai pas pu m'en empêcher. J'imaginais ma copine, au fond de son lit blanc, toute seule avec sa douleur... Maman a été géniale. Elle m'a serrée contre elle en m'assurant que Sadie se remettrait mais qu'elle aurait terriblement besoin de moi, en sortant de l'hôpital.

C'est vrai qu'avec son plâtre, elle ne bougera pas trop de chez elle, la pauvre. Je promets que si elle va bien, je lui consacrerai TOUT mon temps libre ! Je lui ai écrit un autre petit mot pour lui dire que j'allais me procurer un « kit de la parfaite discothèque à la maison », comme ils font pour les handicapés. Comme ça, on pourra s'amuser même sans sortir ! J'espère que ça lui remontera le moral...

9 mars

Sadie, la meilleure amie de Jenny, souffre de myélite. Ils l'ont opérée hier soir. J'ai demandé des pré-

cisions à l'hôpital, tout à l'heure ; c'est très sérieux, comme maladie, et rarissime en Occident. Sadie est sous antibiotiques ; elle s'en tirera, mais la convalescence risque de durer...

*Jenny est bouleversée, elle n'arrête pas de pleurer. Je lui ai dit de ne pas aller en cours demain, si elle ne le sentait pas, mais que puis-je faire de plus ? Nos rapports sont devenus si tendus, si distants depuis cette histoire de naissance. Je voudrais tant me rapprocher d'elle. Mais je ne suis pas sûre qu'*elle *le souhaite...*

Voilà le genre d'événements qui remettent les choses à leur place. J'avoue que j'avais du mal à pardonner à Jenny, mais si c'était elle qui gisait au fond d'un lit d'hôpital, aujourd'hui ? Rancune, ressentiment... la vie est trop courte pour cela ! Je sais que, fondamentalement, Jenny a un cœur d'or, et malgré ses opinions d'adolescente bornée qui me tapent sur les nerfs, je l'adore, ma fille, je suis fière d'elle, vraiment.

12 mars

J'ai vu Sadie. Elle était blanche comme un linge, mais souriante. On a bavardé un peu. Sa jambe est plâtrée du haut en bas. Elle dit que ce n'est pas super confortable, qu'on lui enlèvera lorsque son os se sera ressoudé. Quand ? Là est la question !

Je lui ai promis de lui apporter ses devoirs, demain. Elle s'inquiète, à cause des GCSE. Pour la réconforter, je lui ai dit que, si elle échouait, au moins, on passerait le rattrapage ensemble, vu mes résultats aux examens blancs !

En repartant, j'ai remarqué des petits chaussons trop chou, à la boutique de la Croix-Rouge, à l'hôpital. Une vraie œuvre d'art ! Je me suis dit que c'était dommage que je ne joue plus à la poupée... Et puis, j'ai eu une idée. Ils étaient soldés à moitié prix, et vraiment jolis, alors, je les ai achetés pour le futur bébé. Un Niagara de larmes, quand je les ai donnés à maman.

12 mars

On dirait que Jenny accepte l'idée du bébé ! En revenant de sa visite à Sadie, elle m'a offert une paire de chaussons pour lui. C'est un geste symbolique ; une façon d'enterrer la hache de guerre et de faire preuve de solidarité féminine, j'imagine. Je suis heureuse, à présent.

Et ça y est, je me suis inscrite aux cours d'accou-

chement sans douleur. Depuis le temps, avec Jonathan, j'ai dû tout oublier ! Mike n'est pas très chaud pour m'accompagner mais d'ici le premier cours, je l'aurai persuadé...

15 mars

J'ai feuilleté un des livres de maman : *En attendant bébé*, histoire de voir un peu ce qui me pend au nez, plus tard. Elle a échappé aux nausées matinales. Par contre, il lui faudra du pot pour éviter d'autres trucs affreux : les chevilles qui enflent, le visage bouffi, les taches brunes, les violents maux de dos, le bébé qui se place mal, l'hypertension... Elle a intérêt à faire super gaffe, en tant que « mère d'âge mûr ».

Tiens, au fait : samedi, shopping avec maman. Eh ben, on ne m'y reprendra plus d'ici la naissance ! Les poussettes, les couches-culottes, ça va cinq minutes, mais pas *toute la journée* ! Je n'ai survécu qu'en entraînant maman plusieurs fois au café, pause Coca pour moi, pause pipi et milk-shake pour elle.

Le jour où le ventre de maman se transformera en montgolfière, j'éviterai d'être aperçue avec elle en public. En attendant, je maîtrise de mieux en mieux la stratégie du sourire jaune, quand je croise quelqu'un que je connais. Mais, dans l'immédiat, il faut la surveiller, sinon ce bébé héritera d'autant de landaus que de jours de la semaine, d'une grande sœur lessivée et de parents ruinés !

19 mars

Sadie est sortie de l'hôpital hier. Elle ne retournera pas au lycée avant une éternité, avec son plâtre énorme et son fauteuil roulant. Elle aura des cours particuliers. Je passerai la voir chaque jour, pendant les vacances de Pâques, la semaine prochaine – j'ai hâte ! C'est aussi bien que ma vie amoureuse soit au point mort. Comme ça, je peux me consacrer entièrement à Sadie et étudier avec elle pour les GCSE !

La pauvre, elle déprime. Monsieur Huitième-Merveille-Du-Monde, son Adam, ne lui a pas beaucoup rendu visite, à l'hôpital. Il ne fréquente pas une autre fille, mais Sadie lui reproche de ne pas trop se soucier d'elle. Elle exagère, il est peut-être juste allergique aux hôpitaux. N'empêche, elle a décidé de moins le voir, durant sa convalescence.

Ce n'est qu'une demi-rupture, puisque Adam continue de passer chez Sadie et que c'est Sadie elle-même qui préfère prendre ses distances. Pourtant, ça la rend triste quand même. Comme si elle avait besoin de cela, en plus de ses ennuis ! Il va falloir assurer, côté soutien moral.

19 mars

Période faste pour la famille ! Mike a reçu une promotion – directeur européen ! Il voyagera plus souvent à l'étranger, nous serons peut-être même amenés à nous y installer, mais c'est une chance magnifique. Il gagnera plus d'argent, aussi. Jenny l'a félicité... dès qu'on l'a assurée qu'on ne déménagerait pas avant la fin du lycée !

Avec le bébé, tout le monde est aux petits soins pour moi. Au boulot, c'est : « Assieds-toi, picore un truc », etc. Même Jenny devient une vraie mère poule ! Il y a quelques jours, on faisait du lèche-vitrines ensemble, et elle me forçait à me ménager, m'obligeant à me reposer au café après chaque boutique ! Cela m'a réchauffé le cœur, qu'elle prenne autant soin de moi et du bébé.

Jonathan est déçu : il espérait me voir gonfler comme une baudruche. Nous lui avons acheté un exemplaire de « Comment fait-on les bébés ? », et il a pris la déplorable habitude d'inviter ses petits camarades, d'ouvrir le livre à la page d'un schéma abominable où on voit en détail à travers le ventre d'une femme, et de le comparer avec moi ! Ce livre disparaîtrait mystérieusement que cela ne m'étonnerait pas...

26 mars

Gagné !

Depuis trois semaines, je suis une végétarienne pure et dure. Pas un gramme de viande, rien. Ma seule incartade – et ce n'était qu'une étourderie : un paquet de chips au bacon. Je soutiens la cause des animaux envoyés à l'abattoir tout en étant un témoignage vivant des bienfaits du régime végétarien. À côté de moi, papa Carnivore-Steak-Frites a une mine de vieux mégot ! Du coup, maman a réduit ses portions de viande et Jonathan a annoncé hier qu'il voulait lui aussi devenir végétarien. Quand il a réalisé que cela signifiait « adieu, hot dogs et hamburgers », il a vite changé d'avis... Les enfants sont d'une inconstance !

David Slater a téléphoné, hier soir. Moi qui

pensais qu'il avait capté le message : « Je ne veux plus te voir ! » Il m'a invitée à une soirée, samedi. En bons copains, c'est tout, a-t-il dit. Je lui ai répondu que j'allais chez Sadie, elle est encore dans le plâtre pour une semaine. Il a eu l'air de se soucier d'elle. Peut-être qu'il aime rester en contact avec les filles qu'il a larguées, au cas où il manquerait d'une cavalière, un soir... Quand je lui ai dit ça, il s'est tu un moment et puis il a demandé si je le haïssais à ce point. Ça m'a fait bizarre, cette question... J'ai répliqué non, je ne te hais pas, mais je ne suis pas prête à ce qu'on se moque encore de moi. Alors il a dit qu'il avait changé, qu'il n'était plus aussi immature, qu'il se rendait compte qu'il avait abusé et qu'il voulait sincèrement qu'on redevienne amis. J'ai dit okay, on verra.

On a vraiment vécu de bons moments, David et moi. Mieux qu'avec Nick, il n'y avait pas la même pression. Mais de là à sortir à nouveau avec lui... J'en parlerai à Sadie.

SCOOP DE DERNIÈRE MINUTE ! C'est Potter Potiche qui accompagne les secondes en France, cette année ! Ça *ne peut pas* être du hasard. En nous prévenant de son absence, il a piqué un de ces fards devant nos regards entendus, avec Jen... Elle dit qu'il devrait la jouer honnête et nous avouer où en sont exactement les choses avec Miss Jones. On pourrait le conseiller, ce ne serait pas du luxe, le malheureux ! À quarante ans au moins, il n'a toujours pas réussi à séduire UNE femme. Miss Jones qui, d'accord, n'a rien de la « femme fatale », avec ses verrues et son côté quelconque, est sa dernière chance.

En tout cas, j'attends *avec impatience* des nouvelles de ce voyage de classe... quand on voit le résultat d'une virée en France, avec papa et maman !

3 avril

Je vais faire la baby-sitter pour une amie de maman, au coin de la rue. Ils auront besoin de moi au moins une fois par semaine, ça me fera un peu plus d'argent de poche pour sortir m'amuser, dès que Sadie sera guérie.

Je n'ai pas vu passer les vacances de Pâques, sauf les œufs : pendant deux ou trois jours, je me suis carrément *bourrée* de chocolat. Sadie affirme que les végétariens ne doivent pas en manger à cause des graisses animales. Les animaux me pardonneront : le chocolat est un réconfort quand on mène une vie barbante à mourir.

Si l'amour est banni de mon existence, Cathy s'y consacre pour deux ! Elle est si occupée que je ne quitte plus Sadie. On a épuisé tous les sujets de conversation ! On regarde des vidéos, on fait nos devoirs... Super excitantes, les vacances ! Le lundi de Pâques, Jonathan et les parents sont allés profiter des « trésors de notre patrimoine ». Je m'ennuie tellement que je les aurais bien suivis, mais Sadie a refusé de venir. Pourtant, papa pouvait sans problème charger son fauteuil dans la voiture ! Sadie ne veut plus bouger ; son père et sa mère cèdent à tous ses caprices, ils en ont fait une recluse. Elle s'enterre chez elle et sa vie lui passe sous le nez. C'est nul. Enfin, moi, j'avais des remords de la laisser toute seule, alors je suis restée avec elle. On s'est empiffrées de chocolat, on a joué au Monopoly, regardé la télé. Télé, télé, télé... J'explose, là, qu'on ne m'en parle plus *jamais* !

Ce n'est pas drôle, de tenir compagnie à Sadie. Elle n'arrête pas de ronchonner qu'elle s'ennuie, de se plaindre à cause de sa jambe... À sa place, je serais sûrement pareille, mais c'est dur à supporter ! On lui retire bientôt son plâtre. Elle sera encore en fauteuil un moment, après, mais je pourrais l'emmener se balader en ville. Elle ne veut pas. Elle dit que les gens la dévisageraient, qu'elle gênerait dans les portes, qu'il y a trop d'escaliers partout... C'est vrai que, si on réfléchit à nos endroits fétiches, il n'y en a pas beaucoup qui accueillent les fauteuils roulants. Et personne ne fait rien, c'est scandaleux !

N'empêche, je me sens trop prisonnière, j'ai même hâte de reprendre l'école ! J'ai promis de veiller sur Sadie mais vivement qu'elle aille mieux, que je retrouve ma belle liberté, parce que je ne suis pas sortie avec David, l'autre fois : ça embêtait Sadie !

Je vis par procuration, depuis sa maladie ; Cathy me tient au courant de ses aventures. Elle se confie à moi plutôt qu'à sa mère : elle est en cure de désintoxication, en phase « sobre », alors Cathy préfère qu'elle ignore ses sorties amoureuses... J'ai essayé de lui dire qu'elle exagérait, que ça finirait mal. Elle a répondu : « T'inquiète, je suis prudente. » Je n'ai pas eu le cran de lui en demander plus.

7 avril

Stade catastrophe de la grossesse : trop enrobée pour m'habiller comme avant, pas encore assez pour paraître enceinte. Plus rien ne me va, et les robes de maternité sont trop moches. Je me sens si mal attifée ! Jenny m'a proposé ses grands T-shirts, hier soir. Sur elle, ils sont immenses, c'est ce qu'elle aime. Moi, ils me moulent presque ! Ils ont éclaté de rire, avec Jonathan, en me voyant. Mon ego en a pris un coup...

Jenny étudie à fond, en ce moment. C'est triste, mais la maladie de Sadie lui est bénéfique, de ce côté-là. J'admire son sens de l'abnégation : elle sacrifie tout son temps libre à sa meilleure amie, et sans broncher. Elle a bien rattrapé son retard scolaire, elle s'y met enfin ! Et j'ai l'impression qu'elle commence aussi à apprécier les vertus d'une vie plus calme...

9 avril

Premier baby-sitting chez les Smith. J'avais déjà rencontré les enfants, mais là, je suis restée seule avec eux, et ça s'est plutôt bien passé. Jessica, l'aînée, a neuf ans ; elle a regardé tranquillement la télé. Par contre, avec Micky, son frère de cinq ans, ça a été plus compliqué. Il m'a réclamé trois histoires pour s'endormir (après coup, sa sœur m'a dit qu'il n'avait droit qu'à une). Et avant de se coucher, il m'a obligée à vérifier sous son lit, au cas où un dragon aurait eu la mauvaise idée de s'y cacher. Il a exigé deux verres d'eau, aussi, et il a fallu tout retourner pour retrouver son serpent... parce que ce mioche s'endort *avec un serpent* ! À côté, Jonathan est un vrai petit ange ! Enfin... quand il a fini par s'endormir, vers neuf heures, j'ai trouvé qu'il était quand même mignon.

Jessica s'est couchée à huit heures et demie sans râler. Si bien qu'au retour des Smith, deux heures plus tard, j'avais même rangé les jouets qui traînaient, et j'avais révisé mes leçons. Du bon boulot, bien rémunéré, en plus !

En rentrant à la maison, maman m'a prévenue que David avait appelé, et un certain Jamie. Le seul Jamie que je connaisse est dans une classe en dessous de la mienne, il n'y aurait aucune raison pour qu'il me téléphone. Que me veut cet inconnu ?

10 avril

Inconnu démasqué : il s'agissait bien du Jamie subodoré ! À la cantine, il m'a invitée au bowling, samedi. J'allais dire non et puis là, du coin de l'œil, j'ai aperçu David Slater, prêt à m'inviter, lui aussi. Alors, subitement, j'ai accepté la proposition de Jamie.

La gaffe ! J'avais laissé mon cerveau au vestiaire ! Je veux dire, Jamie est plutôt sympa, comme garçon, mais il est plus jeune que moi, et il mesure bien cinq centimètres de moins ! On a juste échangé un mot ou deux en faisant la queue à la cantine : jamais, JA-MAIS je ne l'aurais imaginé en chevalier servant !

Bon, d'accord, grâce à ça, David m'a lâché les baskets... Mais qu'est-ce que je vais faire, samedi ?!

14 avril

Jamie est un a-mour ! Si j'avais su... Il joue au dur – football, boxe, devoirs non faits – mais en vérité, il est super agréable. Il est presque aussi nul que moi au bowling, et on a rigolé comme des patates sur des tas de trucs idiots.

Il a deux frères, onze et trois ans, *et* deux sœurs, neuf et sept ans, comme Jonathan, celle-là. Elle s'appelle Megan. On a pu en discuter ! Il la trouve géniale, même s'il se plaint un peu d'elle. Quand je lui ai dit que maman allait avoir un bébé, il a dit qu'il était expert, qu'il pourrait facilement me conseiller !

On est loin du macho du lycée, et il est bien plus mûr que son âge. Je n'ai pas vu passer la soirée. En me raccompagnant, dans le bus, il m'a prise par les épaules ; ensuite, il m'a embrassée devant la maison. Pas comme Nick-La-Pieuvre-Aux-Tentacules-Baladeurs ! Non, un baiser tout simple, mais GÉ-ANT !

J'emmène Jonathan au parc, demain, après l'école ; Jamie viendra avec Megan. Au fait, il habite à deux portes de chez Adam, et il paraît qu'il a été hyper déçu par l'attitude de ma copine. J'ai répondu que *Sadie*, plutôt, avait été déçue qu'Adam se fiche d'elle au point de l'abandonner à l'hôpital. Alors Jamie a souri jusqu'aux oreilles et il a dit que c'était un malentendu stupide. Tout va s'arranger. Lui parlera à Adam, et moi à Sadie, en rentrant du parc. Adam n'est pas allé à l'hôpital car il redoutait de faire honte à Sadie en craquant devant elle, tellement il s'inquiétait. Ensuite, il a cru que Sadie l'aimait moins... L'amour est un labyrinthe semé d'embûches !

14 avril

Jenny reprend le chemin du flirt... Soirée bowling, hier, avec un garçon très charmant : Jamie, mais pas du tout son type habituel. Primo, elle aime les grands et il est un peu plus petit qu'elle. Et puis, quel maladroit ! Il a laissé tomber son manteau et ses clés par terre, avant de trébucher dans le paillasson. Il a l'apparence d'un chien fidèle, manifestement très entiché de Jenny ; un nouveau soupirant qui la couve du regard ! J'espère qu'elle ne le fait pas trop marcher ; ce rendez-vous m'étonne tant... Peut-être a-t-elle accepté par pitié ? Ou machinalement ? Sa vie d'ermite, au chevet de Sadie, pourrait l'avoir rendue maboule. Son verdict, en rentrant du bowling : « Jamie ? Ouais, bof, sympa. » Je ne jouerais pas gros sur la durée de leur histoire !

15 avril

Jenny s'est proposée *pour conduire Jonathan au parc, j'ai failli en tomber à la renverse ! Jamie l'a accompagnée avec Megan, sa plus jeune sœur. Il est l'aîné de cinq enfants et semble de confiance, responsable. Megan et Jonathan vont à la même école ; ils s'entendent déjà bien, apparemment. Ils formaient une vraie petite famille, en partant, tous les quatre. Je n'y crois toujours pas, à cette idylle. Jamie est un garçon bien, rien à voir avec la « rebelle-attitude » que Jenny essaie de se créer. Je parie même qu'il offre des fleurs à sa mère, à son anniversaire !*

Je me suis enfin habituée à l'idée d'être enceinte. Je ne me pose plus autant de questions, je suis satisfaite, simplement. Cette histoire d'âge ne m'angoisse plus ; ce n'est pas comme si le bébé pouvait faire la différence, alors... Et puis, de nos jours, on n'en fait plus tout un fromage ! Non : ça va être mer-veilleux.

20 avril

Comme d'habitude, j'ai vu Sadie, après les cours. Elle commence à s'entraîner à marcher avec des béquilles mais elle ne retournera pas au lycée avant encore au moins deux semaines. Elle est super pâle. Et elle avait l'air triste, quand je lui ai raconté les derniers potins. (Elle n'a pas eu de nouvelles d'Adam : comme par hasard, il a attrapé la grippe et Jamie n'a pas encore pu lui parler.) Même l'épisode Potter-Jones du jour ne l'a pas déridée. Pourtant, c'est du bon : dispute des deux profs pile sous notre nez ! En fait, ils discutaient dans la salle de français lorsqu'on est arrivés pour le cours, avec la classe. Ça chauffait déjà ! En nous apercevant stupéfiés, Potter nous a carrément claqué la porte au nez ! Deux minutes plus tard, la Jones, les yeux rouges, a ouvert et Potter Potiche est sorti furibard, prêt à exploser. Inutile d'ajouter que Miss Jones s'est vengée sur nous pendant toute l'heure de cours... Serait-ce la fin de la Romance du Siècle ?

Avec Cathy, on pensait leur envoyer à chacun une fausse lettre d'amour de l'autre mais, sans Sadie, ce n'est pas la peine. Elle a le chic, pour ces machins-là. Sans doute l'influence des romans à l'eau de rose que sa mère collectionne... Alors on a finalement décidé de les laisser se débrouiller entre crétins.

Ces nouvelles croustillantes n'amusant pas Sadie, j'allais partir lorsque, soudain, elle a fondu en larmes ! Un vrai déluge ! Elle pleurait, disait que sa vie était finie. Je ne savais pas quoi faire. Elle se sent piégée, laide, malade en permanence. Elle meurt de trouille de sortir tout en détestant rester à la maison. Ses parents en font des tonnes, ils sont aux petits soins et ça la rend dingue. Elle n'a plus d'espoir en l'avenir. Elle s'est épanchée sur mon épaule, je l'ai serrée contre mon cœur mais je me sens si impuissante ! Je m'inquiète vraiment pour Sadie. Mais à quoi bon en parler à ses parents ? Ils se font déjà assez de mouron...

21 avril

Jenny a traîné comme une âme en peine toute la journée. Je lui ai demandé ce qui clochait, elle a juste haussé les épaules et, quand j'ai voulu savoir si elle allait voir Sadie (j'ai un petit cadeau pour elle, pour l'égayer un peu), elle s'est montrée hargneuse, évasive. Je m'intéresse à son amie, moi. La pauvre gamine doit en avoir ras le bol de rester confinée entre quatre murs. Jenny dit qu'elle refuse de sortir, à cause des problèmes avec son fauteuil roulant.

Je n'y avais pas réellement songé. C'est vrai qu'à l'hôpital on a toutes les installations adéquates mais, dans la vie quotidienne, c'est une autre histoire. J'ai dit qu'il serait temps que quelqu'un fasse quelque chose pour les handicapés et Jenny a hurlé : « Ça oui, alors, il est grand temps ! », avant de galoper chez Sadie l'air déterminée, investie d'une mission. Je crains le pire... Pourvu que ce ne soit pas la police qui la ramène à la maison !

22 avril

Pauvre Sadie ! C'est horrible de voir sa meilleure amie comme ça. Dire que, quand elle sortait avec David, j'aurais donné n'importe quoi pour la faire souffrir... Aujourd'hui, je regrette mes mauvaises pensées.

Hier, maman râlait qu'il faudrait faciliter la vie des gens dans son cas et, soudain, j'ai eu l'idée du siècle ! Je me suis précipitée chez ma copine. Je lui ai servi un magnifique discours, comme quoi son malheur devait servir au bien de l'humanité : elle serait l'exemple par lequel les choses changeraient !

Et si je me lançais dans la politique ? Mes campagnes électorales seraient sûrement moins rasoir que les bla-bla des pantins sinistres qui dirigent le pays ! Mais je m'égare, là.

Donc, j'ai convaincu Sadie de me laisser l'emmener dans des lieux publics, comme la bibliothèque, un grand magasin, des toilettes, et on a fait un foin pas possible, au lieu de rester discrètes, avec son fauteuil, pour que tout le monde voie bien que ce n'est pas simple ! Le pire, ça a été les toilettes : quinze marches à grimper. Comme si ça ne suffisait pas d'être en fauteuil roulant, il faudrait en plus porter une vessie artificielle ! Chaque fois qu'on rencontrait une difficulté pour entrer quelque part, on brandissait des carnets et on notait tout en rouspétant très fort après la direction d'un établissement aussi « laxiste ». Le patron de « Smith and Henson » tirait la tronche. Dans son magasin, le passage est si étroit entre les racks de vêtements que le fauteuil emporte tout ! Il a fini par promettre de remédier au problème « dans les plus brefs délais ». Tu parles d'un hypocrite ! Il souriait d'un air crispé en regardant nerveusement partout autour de lui – il cherchait une caméra cachée, oui ! Alors on a inventé qu'on faisait un reportage pour une émission sur la défense des consommateurs, et Sadie en rigolait encore quand je l'ai invitée au McDonald's ; je régalais grâce à mes heures de baby-sitting.

Et voici le meilleur :

J'avais tout manigancé, avec Jamie : il est arrivé *comme par hasard*... avec Adam ! J'ai joué la surprise, bien sûr. Sadie était si-dé-rée ! Adam avait une mine de zombie, après sa maladie, mais ça n'a pas rebuté Sadie ! Et quand Jamie et moi on s'est éclipsés avec tact, les tourtereaux roucoulaient, réconciliés, enlacés : du pur romantisme ! Mon petit doigt me dit que j'aurai plus de temps libre, maintenant...

29 avril

C'était trop beau pour durer !

À présent que Sadie se porte mieux et qu'Adam réapprécie brusquement *sa compagnie, Jenny remet ça ! Elle sort dès que possible avec Jamie, et adieu les devoirs, bonjour les sermons sans fin ! Elle ose prétendre qu'elle étudie, avec son chéri ; de mon temps, on appelait ça autrement !*

Mais je baisse les bras, je laisse le sale boulot à Mike. J'ai besoin de calme, pour le bébé. Je veux qu'il naisse dans une ambiance de douceur et de caresses, pas dans la lutte, ni la colère. Je ne veux développer que de bonnes vibrations autour de lui. J'ai appris la pensée positive, récemment, et jamais je ne me suis sentie aussi belle, aussi bien.

30 avril

Maman a l'air complètement à côté de ses pompes, la pauvre ! Et puis, qu'est-ce qu'elle est grosse ! Quand je pense qu'elle n'en est qu'au quatrième mois... Impossible qu'elle retrouve sa ligne, après la naissance. Sadie m'a rapporté deux livres de la bibliothèque : « L'angoisse de vieillir » et « Dépression postnatale ».

Autant me préparer à la crise !

5 mai

Un week-end à rallonge[1] fêté en grande pompe... : trois jours à étudier : les examens démarrent dans un mois ! Jamie insiste pour qu'on ne se voie pas plus de deux fois par semaine, que je puisse réviser. Sans blague, il est pire que mon père ! Mais il est super gentil, il veut vraiment que j'y arrive. On se sent bien ensemble, mais en fait on n'est pas amoureux, ça évite pas mal de conflits...

Cathy est de retour chez nous, sa mère a

1. En Angleterre, le premier (et le dernier) lundi de mai sont fériés *(N.d.T.)*.

replongé. Elle parle d'abandonner les cours et de prendre un boulot ; elle craint sûrement que sa mère ne puisse plus assurer, l'année prochaine. C'est moche. Je comprends que Cathy ait besoin de s'évader de son existence sordide, mais de là à faire à ce point l'imbécile : boire, draguer... trop crétin ! Côté cœur, elle se calme un peu en ce moment. Ça fait un mois qu'elle sort avec le même garçon : Ted. Il est plus âgé, il a vingt-sept ans, et... une fiancée ! Mais Cathy s'en fiche, d'elle. Et maintenant, elle méprise Jamie, elle l'appelle « petit gamin ».

Hier, j'ai craqué. J'ai essayé de lui trouver des excuses pour son sale comportement, du style : d'accord, elle en bave. Mais, à force de ravaler ma colère, j'ai explosé. Et puis, il y a toute cette tension, les GCSE qui approchent, la naissance du bébé ; on marche sur des œufs, à la maison. Alors, avec Cathy qui se croit chez elle, en plus... Elle agit comme s'il allait de soi que maman soit tout le temps disponible. Bon, moi aussi, mais c'est *ma* mère !

Dans la soirée, Cathy s'est moquée de la fiancée de Ted parce qu'il lui raconte des bobards pour la rejoindre, elle. Je l'ai traitée de poufiasse alcoolique, de briseuse de ménage et là, on s'est bouffé le nez, un truc affreux. Elle m'a giflée. J'ai exagéré, je le méritais peut-être (qui suis-je pour juger ce que Cathy traverse ?). N'empêche, elle devrait faire des efforts, au moins tant qu'elle s'incruste chez nous ! Maman en fait une jaunisse, qu'on se dispute. Elle m'accuse toujours car, pauvre Cathy, la vie n'a pas été tendre avec elle ! De quoi avaler sa langue, oui ! La meilleure solution pour qu'on ne s'étripe pas, avec ma copine, c'est encore de s'ignorer.

5 mai

Gloria est à nouveau en clinique. Pour arriver à développer des pensées positives en ce moment, il faut s'accrocher ! Cathy et Jenny sont comme chien et chat. Elle se sont presque battues hier, je n'ai jamais pu savoir à quel sujet. En pleine période d'examens, on n'est pas au bout de nos peines... Elles sont si différentes, toutes les deux. Cathy est très dure, comme fille. J'ai le sentiment qu'elle est une manipulatrice née ; elle a d'ailleurs dû parfois se jouer de Mike et moi. Mais je la soupçonne d'être encore plus sournoise *que cela. Par exemple, elle refuse qu'on rencontre son amoureux. Elle dit qu'il ne vaut pas le coup, que ce n'est pas si sérieux entre eux... Alors pourquoi passe-t-elle plus d'une heure dans sa voiture en rentrant de soirée ? Et comment ce garçon peut-il avoir une voiture aussi coûteuse, à seulement « presque dix-huit ans », si l'on en croit Cathy ? Je flaire l'embrouille ; qu'elle rentre vite chez elle, je ne suis pas en état de faire face à un drame !*

Jenny travaille dur, pour ses GCSE. J'espère qu'elle ne fait pas semblant... En tout cas, elle a pris une décision très sensée : ne plus voir Jamie que deux fois par semaine d'ici la fin des épreuves.

13 mai

On est allés faire du roller, avec Jamie, ce soir. Encore *une* révision, et je crevais ! Jamie m'a écoutée me plaindre, à cause des exams, et puis il a souri en me réconfortant : « Ce sera bientôt fini, va ! » Il a été super patient, super compréhensif ! Je le lui ai dit, ça ; il a répondu en rigolant qu'il n'en attendait pas moins de ma part, quand ce serait son tour. C'est drôle, je ne pense jamais qu'il est plus jeune que moi. On est comme de vieux mariés, ensemble, à l'aise, mais sans passion. C'est peut-être notre destin : devenir un couple de retraités en pantoufles, sans jamais passer par la case AMOUR FOU, sans jamais connaître LE FEU, ni le désir, ni les émois de la jeunesse. Et c'est peut-être pas plus mal, quand je vois Cathy...

Elle se vante d'être allée *jusqu'au bout*, avec Ted. Elle prétend aussi qu'il a mis sa fiancée au courant, qu'il va la quitter et qu'ils prendront un appart. Mouais... si Ted aime tant Cathy, qu'est-ce qu'il attend pour rompre avec l'autre, dans ce cas ?

Là, Cathy n'a pas su quoi répondre. Moi, je crois savoir : Ted est un gros nul qui s'amuse juste avec elle...

13 mai

Je trouve Jamie et Jenny très complices, presque trop *proches ; ils semblent en parfaite osmose. Je me demande où en est leur relation* exactement...

J'ai peur que Jenny saute le pas trop tôt, qu'elle cède et s'engage trop vite auprès d'un garçon sans l'aimer réellement. J'essaie cependant d'adopter un point de vue moderne là-dessus, et de tenir mon rôle de mère comme il faut. J'ai voulu aborder le sujet avec elle, lui donner quelques conseils sur les relations homme-femme, elle a à peine écouté, n'a posé aucune question. Alors j'ai discrètement tenté de l'interroger, mais elle n'était pas d'humeur à se confier non plus. J'en suis réduite à laisser traîner des articles sur la sexualité en espérant qu'elle les lira...

Résultat, j'ai été bien attrapée. Jonathan m'a brandi un de mes magazines sous le nez en me demandant : « Ça veut dire quoi, contraception ? » J'ai répondu : « Aucune idée... Ça te plairait, un sandwich au Nutella ? »

15 mai

Maman regrette son imprudence, à propos du bébé. Elle n'a rien dit, mais elle lit des trucs pour s'informer sur les différentes méthodes de contraception. Elle devrait être au courant, à son âge... mais en fait non, puisqu'elle est tombée enceinte ! Elle a essayé de me forcer à en parler avec elle, sous prétexte qu'une mère « digne de ce nom doit éduquer sa fille là-dessus ». Mon œil ! Elle cherche plutôt à se renseigner sans oser avouer son ignorance...

C'est le boulot d'un ado attentionné de tenir ses parents à la page sur les choses du sexe, mais je suis loin d'être une experte. À la rigueur, Nick aurait pu parfaire mes connaissances en la matière ; Jamie, par contre, ce n'est même pas la peine d'y penser ! Mais maman s'en sortira, elle achète les bonnes revues, c'est déjà ça. Et puis, je reste à sa disposition, si elle a des questions...

20 mai

Mes révisions se passent super bien. Je suis même en avance sur l'emploi du temps que Potter Potiche nous a concocté (entre deux RDV amoureux avec la mère Jones !). J'ai fêté ça en me payant une vraie, longue soirée en ville. Jamie était absent ce week-end, alors j'ai accompagné Sadie au club de son père. Elle marche tout le temps avec ses béquilles, maintenant, et elle se débrouille comme un chef ! Adam était avec nous, bien sûr. Ils sont faits l'un pour l'autre, ces deux-là, il n'y a qu'à les regarder ! Ensemble, ils irradient de bonheur, c'est trop chou. En plus, les parents de Sadie aiment bien Adam, eux aussi.

Donc, je buvais un Coca dans mon coin sans rien demander à personne lorsque... QUI m'invite à danser ? David Slater en personne ! D'abord, j'ai refusé, mais il a insisté et, de loin, Sadie me faisait des signes du genre : « Oh, allez, vas-y, quoi, après tout... » Alors j'ai accepté. On était un peu gênés, au début, et puis, un slow a démarré, David s'est approché de moi et là... j'ai ressenti une espèce de décharge électrique dans le bas du dos ! Moi qui croyais que ces phénomènes étaient des inventions de romancières ringardes et vieilles filles pour leurs lectrices en mal de sensations... Je frissonnais de partout, et quand David m'a embrassée, le grand truc : j'ai eu envie de mourir ! Il s'est beaucoup amélioré, de ce côté-là.

Il m'a raccompagnée à la maison, on s'est encore embrassés... Je me sentais hyper coupable de trahir Jamie, mais c'était plus fort que moi. Ensuite, David m'a demandé si on pouvait se remettre ensemble ; je lui ai répondu que j'y penserais, qu'on verrait après les examens. Quel courage, quelle force de volonté j'ai eus ! Mais c'est vrai, ce n'est pas le moment de m'investir dans une nouvelle histoire, ce serait trop compliqué. D'ailleurs, avec David, j'ai déjà donné ! Je ne voudrais pas non plus blesser Jamie...

20 mai

Et c'est reparti ! Jenny est sortie avec Sadie et Adam... elle est revenue avec David Slater ! Mike a failli s'étouffer ; il les a aperçus, par la fenêtre de la chambre, en train de se bécoter sous le réverbère, devant la maison. C'est que Jamie est absent, ce week-end... Mike était hors de lui, il voulait s'expliquer avec Jenny sur-le-champ. Il la soupçonne d'avoir cédé aux avances de David... moi pas ; notre fille a quand même plus de jugeote que cela, non... ?

J'ai reconduit Cathy chez elle, aujourd'hui. Sa mère est rentrée de la clinique, une infirmière viendra chaque jour la surveiller. En récupérant sa fille, Gloria m'a dit qu'elle était bien résolue à reprendre sa vie en main, cette fois-ci. Elle s'est inscrite aux Alcooliques Anonymes et elle aimerait que Cathy assiste aux réunions de soutien destinées aux enfants d'alcooliques. Je suis ravie : enfin Gloria admet qu'elle a un problème ! J'espère seulement qu'elle ne s'y prend pas trop tard...

21 mai

Cathy est repartie hier. On ne s'entend pas très bien ; pourtant, bizarrement, elle me manque. Je suis contente que sa mère ait décidé d'arrêter de boire, mais il paraît que c'est dur et je n'ai pas beaucoup d'espoir. J'ai de la peine, pour Cathy. Au moins, Ted la rend heureuse : il lui a offert un magnifique bracelet en or, la semaine dernière. N'empêche, il n'a toujours pas quitté sa fiancée...

Jamie et moi, ça continue comme si de rien n'était. Je ne lui ai pas parlé, à propos de David. Et David se montre très coopératif en acceptant de rester discret... pour le moment. Par contre, il me téléphone à la maison. Papa ne supporte pas, il dit que je trompe Jamie. N'importe quoi ! C'est juste que je ne veux pas me prendre la tête pendant les examens. Dans deux semaines, ça commence. David aussi, il travaille comme un dingue. Dans sept jours, on est à mi-trimestre, ce qui signifie que, pour nous, l'école est finie ! On ne reviendra que pour passer les épreuves. J'ai signé un formulaire comme quoi, l'année prochaine, je voulais m'inscrire en terminale section L. Mais c'était plus pour rassurer les parents ; moi, en fait, je ne suis sûre de rien.

Cette année, le lycée nous engage à trouver un job d'été, après les GCSE, à la place du cours habituel qui nous prépare pendant trois semaines à l'entrée en terminale. D'après le directeur, c'est parce qu'« ils ont réalisé que le cours en question ne nous apportait pas grand-chose en comparaison du formidable enrichissement d'une expérience professionnelle ». Papa dit qu'ils veulent plutôt économiser, vu tous les profs malades et tout. Quelle bande d'escrocs ! Alors, le cours est annulé, mais on est quand même forcés de rapporter chez nous des tas de documents à lire pendant les vacances ! Enfin, la liberté... L'école est censée nous aider à trouver un boulot, s'il y avait le moindre problème. Les milliers de chômeurs du pays seraient enchantés de savoir comment ils comptent procéder...

22 mai

Papa m'a aidée à mettre mon planning au point, pour la semaine prochaine. On a tout programmé : révisions le matin, loisirs l'après-midi, révisions le soir, en équilibrant au mieux les matières entre elles, les plages de repos et de boulot. Grâce à lui, tout paraît si simple qu'il m'a redonné confiance en moi !

Je verrai Jamie chaque après-midi sauf jeudi, où il a un match de foot. J'irai chez David, ce jour-là. Je suis une traîtresse, mais je n'arrive *pas encore* à choisir entre eux deux...

On a reçu un paquet de mamie, ce matin. Des vêtements de bébé qu'elle a tricotés. Ils sont adorables, et *si minuscules*, ce n'est pas possible que le bébé soit si petit !

Papa *devrait* assister à la naissance. On se tord de rire, Jonathan et moi, quand ils font leurs exercices d'accouchement sans douleur ; tant de fatigue, à leur âge, ce n'est pas sérieux ! Surtout que c'est du temps perdu... Pour moi, papa n'était pas là. J'avais trois semaines d'avance, et il n'a pas pu rentrer assez vite de voyage. Pour Jonathan, il a été pris de nausées et il a quitté la salle de travail pile au moment crucial. « J'ai vomi de joie », il a dit ! Cette fois, il est décidé à ne pas rater ça, mais probablement qu'il tombera dans les pommes. La honte, quoi !

25 mai

Les enfants pourraient soutenir un peu plus leur vieille mère enceinte !

Dès que Mike et moi sortons les tapis, pour faire nos exercices, ils pouffent comme des baleines ; c'est très démoralisant. Un collègue de Mike lui a passé une cassette d'ambiance géniale, un enregistrement des bruits de la forêt amazonienne censé nous relaxer, nous aider à nous évader, nous faire retrouver nos racines, communier avec Mère Nature. Seulement voilà : à peine nos esprits s'envolent-ils que les enfants soit hurlent de rire, soit surgissent de derrière une porte en jouant au chef indien, ou au perroquet psychopathe (cette imitation de Jenny est d'ailleurs effrayante de réalisme). La préparation de la naissance leur importe peu, quoi...

Ma belle-mère m'a envoyé de la jolie layette, tricotée par elle-même. Ça m'a donné envie d'exhumer mes aiguilles et de m'y remettre. J'étais plutôt douée, jeune fille. J'ai proposé à Jenny de lui montrer comment on faisait mais apparemment, le tricot, ce n'est plus bon que pour les dinosaures !

30 mai

Plus que quatre jours avant les exams... Déjà !

Première épreuve : français. J'ai révisé pendant des siècles ; les sciences aussi, mes deux points faibles. Pour les maths, j'ai repris espoir grâce à Jamie. C'est un génie ! La plupart des après-midi, il m'a expliqué des règles sur lesquelles je bloquais. Ça devait quand même le barber, mais il ne s'est jamais plaint. Résultat, je me suis sentie encore plus vache de voir David, jeudi. On a regardé des séries nulles en se pelotant... Les deux gamins timides et maladroits de l'année dernière ont bien grandi ! À l'époque, je pensais qu'il était un cadeau du Ciel. Maintenant, je sais que non, mais je m'en fiche : son côté obscur m'attire presque plus ! Alors, d'accord, Jamie est quasiment parfait ; une vraie Mary Poppins. Le hic, c'est qu'il a à peu près autant de sex-appeal qu'elle... Donc, entre les deux, mon cœur balance... Cela ne m'a pas empêchée d'être claire avec David : je suis encore avec Jamie. Et il a répondu : « Okay, j'attendrai... mais pas trop longtemps. »

30 mai

Dans quatre jours, les GCSE, déjà...

J'avais posé une semaine de congé afin que Jenny puisse travailler sans avoir à s'occuper de Jonathan. J'avais imaginé qu'avec la pression des révisions ils seraient comme chien et chat et qu'elle ne pourrait pas terminer. Mais Jenny a traversé cette semaine avec l'assurance et la sérénité de celle qui sait où elle va. Mike l'a aidée à élaborer un programme strict, qu'à notre grande surprise elle a suivi à la lettre ! Levée à huit heures, elle étudiait sans relâche jusqu'au déjeuner. Ensuite, elle allait chez Jamie, ou lui venait chez nous, et je peux témoigner qu'au moins deux de ces après-midi de détente ont été consacrés au boulot ! Oui, Jenny semble s'être enfin décidée à fournir les efforts nécessaires. Pourvu qu'elle obtienne de bons résultats ; elle entrerait plus facilement à l'université, plus tard...

Seigneur ! Je viens de réaliser que, d'ici trois ans, un de mes enfants sera à la fac... et un autre en maternelle !

3 juin

Et voilà, on y est. Demain, plongeon dans les GCSE, et je ne peux rien faire de plus. Je suis restée cloîtrée comme une nonne hyper studieuse ayant fait vœu de silence – ou presque. J'ai perdu tellement de temps à rattraper mes cours de l'an dernier que je regrette maintenant d'avoir si mal travaillé : j'aurais pu réviser plus. Mais bon, les regrets sont stériles, et j'ai fait de mon mieux. Les parents disent que c'est ça, le plus important, pas les résultats. Mon œil que si je rate tout ils ne seront pas vachement embêtés ! Je vais chercher un petit boulot, après les exams, au cas où, parce que plutôt mourir que de les repasser, si je loupe ! Je ne suis même pas sûre d'avoir envie d'entrer en terminale, alors... peut-être qu'une bonne place sera l'occasion d'abandonner mes études.

Maman tricote des kilomètres de chaussettes, de bonnets... La maison croule sous la layette. D'ailleurs, si certains vêtements vont au bébé, c'est qu'il sera né super déformé, le pauvre ! (Pour son premier pull, maman a mis les deux bras du même côté !) L'aspect cool, c'est que ça rend maman de bonne humeur, de fabriquer ces machins pour extraterrestres, et puis, au moins, ça l'occupe à autre chose qu'à régenter ma vie !

3 juin

Demain, starter : Jenny entame ses examens. Je ne crois pas qu'elle se rende compte qu'il s'agit d'une étape dans sa vie. Elle paraissait très calme, ce soir, mais peut-être joue-t-elle la comédie. Moi, je me rappelle que je ne fermais pas l'œil de la nuit, la veille des épreuves. Une grosse partie de son avenir d'étudiante repose sur ses notes. Si elle n'obtient pas cinq

C, elle ne passera pas dans la classe supérieure. Je pense qu'elle réussira ; en cas de redoublement, il nous faudra revivre tout cela, et cela ne m'enchante guère ! Mike lui a donné un dernier coup de main et il dit qu'elle n'est pas si mauvaise que ça en maths. On n'a plus qu'à croiser les doigts... et les orteils !

Jonathan en a ras le bol que sa sœur soit le centre de l'intérêt général. Il vient à table avec ses cahiers et fait semblant de réviser, il veut tant être comme Jenny ! Pauvre amour, il découvrira bien assez tôt dans quelle mesure passer un examen est amusant...

4 juin

Ouf ! L'épreuve de français s'est mieux déroulée que prévu. Au moins, ça donne la pêche, pour la suite. Je ne sais pas si j'aurai la moyenne, mais je n'aurai pas F, en tout cas ! Ça me soulage tellement, d'avoir commencé ces fichus GCSE ; ça signifie qu'on se rapproche doucement, mais sûrement, de la fin...

7 juin

Impossible de savoir comment ça se passe, pour Jenny. Apparemment, elle révise comme une malade. Une seule fois, j'ai surpris David Slater ici, en rentrant du travail. Tous les autres jours, elle étudiait. Je la trouve pâlotte, lessivée. J'espère qu'elle n'en fait pas trop. Je lui ai dit que ses examens étaient importants, certes, mais que ce n'était pas une raison pour tout sacrifier et se couper du monde extérieur. Elle m'a ri au nez, puis m'a remerciée en promettant de ne pas oublier ce précieux conseil. C'est dur d'être considérée comme une sénile-radoteuse par sa propre fille !

8 juin

Ils ont fait fort, les vaches, avec l'épreuve de latin. Même les cracks ne devaient pas connaître la moitié des réponses ! Pour les lettres, j'ai été bénie : ils ont demandé presque tout ce que j'avais révisé. Les sciences, par contre : la cata ! Ils m'ont tendu un piège, les fourbes, je n'avais rien étudié des premières questions ! Si la suite est du même genre, dans quelques jours, autant carrément zapper... Prochaines épreuves :

maths et arts plastiques. Là, je suis plutôt pas mauvaise. Et puis, trois heures à dessiner, ça m'ira très bien. On aura sûrement une nature morte, comme sujet : un bouquet de pissenlits, le lycée est trop pauvre pour se payer mieux.

Moi qui m'étais juré de calmer le jeu pour les exams, côté cœur... C'est réussi ! Jamie s'est mis en tête de sécher les cours pour venir m'aider avec mes maths. Je ne lui ai rien demandé, ce serait horrible qu'il se fasse prendre... et puis, ben on s'est vus trois fois, cette semaine, et on a beaucoup plus regardé la télé que travaillé ! En apprenant ça, David a déclaré qu'il voulait venir, lui aussi, puisque cela ne me dérangeait plus. La galère ! Alors j'ai dit à Jamie qu'il ne devait plus sécher, et David est passé un après-midi. Là non plus, je n'ai pas vraiment travaillé... Je l'aime si fort ! Mais Jamie, dans tout ça ? Il est si gentil. Et digne de confiance, ce qu'on ne peut pas dire de David...

18 juin

« Détends-toi, oublie les exams... » Quel baratin ! C'est pour mieux nous opprimer et nous empêcher de trop nous révolter, oui ! Il n'y en a plus que pour les exams. Ils obsèdent tous mes copains... même Jamie, quand j'y pense, et il ne les passe même pas ! Mister-Je-Veux-T'aider me tape grave sur les nerfs ! On ne peut pas sortir décompresser sans qu'il me rabâche l'importance de se donner à fond dans ses études ! David ne vaut pas mieux : il meurt de trouille de louper. Il veut aller à la fac, pour devenir ingénieur. Je me verrais plutôt dans la peau de la femme d'un ambassadeur, moi...

Tout le monde me casse les pieds, voilà. Ma propre famille me harcèle ; tu parles d'un havre de paix ! Chaque jour, j'ai droit à une autopsie en règle : « Et alors, ça a été ? Qu'est-ce qu'on t'a demandé ? » Jonathan est le seul à ne pas m'accabler, il s'en fiche. Je l'ai poussé à faire l'andouille, histoire d'attirer un peu l'attention des parents, mais, malgré ça, ils ne me décollent pas... VIVEMENT LA FIN, JE VAIS CRAQUER !

18 juin

Il n'y en a plus que pour les GCSE de Jenny, à la maison. Chaque jour, nous retenons notre souffle pour l'entendre disséquer ses révisions... À table, au dîner, c'est la description par le menu des épreuves de la journée. Mike et moi essayons de la conseiller, de la rassurer, de la soutenir, selon son humeur, mais c'est trop, beaucoup trop : elle devrait comprendre qu'il n'y a pas qu'elle, dans la famille Murray ! En ce moment, Jonathan fait des tas de bêtises car il se sent exclu, négligé. Vivement la fin, nous allons CRAQUER.

20 juin

Plus que deux épreuves, et c'est bon. La suite des sciences s'est mieux passée mais aujourd'hui, la réaction, dans mon éprouvette, avait une couleur différente de celle des autres... Mauvais signe, non ?! Demain, c'est littérature anglaise (j'ai déjà eu grammaire et orthographe : hyper facile !), et puis après, pour la dernière matière, pas la peine de réviser : je suis nulle, alors...

La semaine prochaine, Cathy donne une fête de fin d'année. Sa mère ne sera pas là. D'après Cathy, elle part en week-end amoureux dans le Somerset, pas en cure de désintox. Elle a rencontré un compagnon d'infortune, aux Alcooliques Anonymes, qui lui apporte un grand « soutien moral », comme elle dit. Cathy soutient qu'elle est vraiment amoureuse ; les choses s'améliorent enfin, pour elles deux...

Donc, la mère de Cathy absente... les souris danseront TOUTE LA NUIT ! Des amis de Ted feront les videurs, comme ça on évitera les ennuis. Une rave à domicile, génial !

Maman m'a dégoté un job d'été, à son boulot, je commence dans deux semaines. Elle se réjouit qu'on travaille ensemble. Je ne suis pas certaine que cela soit une super idée mais, si je fais bonne impression, peut-être qu'ils me proposeront une vraie place dans le service... Ce serait une raison valable pour quitter l'école ! Et puis, les urgences, avec le sang, les drames, le docteur Ross... J'adore !

20 juin

Je suis cre-vée. Le bébé se place dans des positions pas possibles, et j'ai affreusement mal au dos. Je ne travaille plus que le matin, désormais. L'après-midi, je m'installe devant des séries télé nulles avec mon tricot. Je me sens vieille... surtout aux cours d'accouchement sans douleur ! Les autres futures mamans sont toutes des gamines. Sauf deux, avec lesquelles j'ai sympathisé. Nous formons une sorte de club et nous nous réunissons une fois par semaine, histoire de nous encourager mutuellement. J'espère que notre amitié durera...

Michelle a lancé l'idée que Jenny pourrait travailler aux urgences avec nous, cet été. Avec tous les dossiers à traiter... Si elle démarre assez tôt, elle pourrait même ME *remplacer jusqu'à la rentrée scolaire ! C'est une superbe opportunité, pour elle, et elle semble partante. Ça va être fantastique, de travailler main dans la main, mère-fille !*

21 juin

Pas mal, l'épreuve de littérature. Quelques questions débiles, plus des trucs intéressants – incroyable !

En rentrant à la maison, j'ai trouvé maman affalée sur le canapé avec deux autres dondons de la maternité. Les pieds surélevés, le ventre proéminent, elles s'empiffraient de chocolat en pleurant devant une vidéo ringarde qu'elles avaient louée... J'ai rappelé à maman que « l'oisiveté est mère de tous les vices », comme elle dit tout le temps, mais elle a répondu d'un ton hautain que les femmes enceintes, ce n'est pas pareil. Elles ont le devoir de ménager leur corps et leur « précieuse cargaison » (sa nouvelle expression pour désigner le bébé, ça. À vomir !) en se relaxant au moins deux heures par jour. Sur quoi, elle m'a envoyée préparer le thé pour sa compagnie de martiennes obèses !

21 juin

Une journée très agréable, très paisible. J'ai congelé quelques petites choses en dépannage, au cas où, tout en écoutant la radio. J'ai dû cuisiner des plats différents pour Jenny-la-végétarienne. Une des rares résolutions auxquelles elle se tienne, ça. Il faut un certain cran : renoncer aux rôtis pour des gâteaux de soja... !

Sally et Déborah sont venues. On a regardé un film, échangé des anecdotes de grossesse et comparé nos maris, histoire de voir quel futur papa assurait le mieux. Le mari de Déborah est l'homme moderne par excellence. Il est capable de tenir une maison, du repassage à l'élaboration d'un repas de gala, et le tout sans ronchonner. Celui de Sally semble plein de bonne volonté, mais totalement incapable ; un cas désespéré. Entre les deux, Mike se débrouille. Il saura changer une couche et cuire des spaghettis, si besoin est.

Jenny est rentrée d'humeur joyeuse, pour une fois. Elle nous a servi le thé. Elle devient très attentionnée, très prévenante. Elle devrait faire son chemin sans problème, à l'hôpital.

24 juin

ALLÉLUIA, C'EST FINI ! CHANTEZ HAUTBOIS, RÉSONNEZ MUSETTES, LES EXAMENS SONT PASSÉS !

Plus jamais ça. Ja-mais ! Adieu, terminale et université, j'en ai ma claque. Dorénavant, je vais travailler, gagner de l'argent et le dépenser le soir en m'amusant ! Je n'ai vu ni David, ni Jamie depuis plus d'une semaine, et ma vie est hyper plus relax comme ça. J'ai beaucoup réfléchi à ma situation, et le problème, c'est qu'en fait mon idéal masculin serait un mélange d'eux deux. Jamie est doux, gentil, mais pas très sexy, et encore un peu trop gosse. David, lui, c'est la passion, il me donne le vrai frisson, mais je n'ai aucune confiance en lui. J'ai décidé de les quitter tous les deux. Bon courage ! Il faut surtout que je fasse ça avant que Jamie apprenne, pour moi et David. Il aurait trop de peine.

Demain, je ne ferai ABSOLUMENT RIEN, sauf brûler mes feuilles de révisions et, après-demain, j'irai m'acheter une tenue méga-top, pour la fête de Cathy. J'ai économisé exprès pour mettre le paquet dans un truc éblouissant. Il n'y aura ni Jamie (il n'est pas invité mais il s'en fiche, il n'aime pas Cathy), ni David, qui va au mariage d'une cousine. Avec un peu de pot, je tomberai sur L'Homme De Mes Rêves, ce soir-là...

24 juin

On en a terminé avec les examens de Jenny, alléluia ! Les filles vont fêter ça ensemble, chez Cathy. Jenny y dormira, il y aura deux ou trois autres amis, une sorte de « pyjama-partie ». Ça me fait plaisir, de les voir complices... Gloria sera là pour les surveiller. Je sais qu'elle se montrera vigilante : le programme qu'elle suit, aux Alcooliques Anonymes, a des effets très positifs. Et puis, elle s'est engagée dans une relation sérieuse, avec un homme charmant qu'elle a rencontré là-bas. Il n'a pas bu une goutte depuis trois ans, mais il ne se considère pas comme guéri, il préfère vivre au jour le jour ; c'est exactement le soutien dont Gloria a besoin. Je suis ravie pour elle. Et pour Cathy et Jenny, débarrassées des

GCSE. Et pour toute notre petite famille, qui va ENFIN *pouvoir respirer !*

3 juillet

La soirée de Cathy était vraiment géniale... jusqu'à ce que j'accepte de goûter à de l'alcool. Pourtant, ce n'est pas mon style, mais je ne suis pas près d'oublier ! J'ai été malade à crever, j'ai cru que je vomirais même tripes et boyaux. Heureusement que les parents m'avaient permis de dormir chez Cathy. S'ils m'avaient vue dans cet état, ils m'auraient écorchée vive ! Ce sera déjà assez pénible s'ils découvrent qu'en vérité la mère de Cathy était absente...

En rentrant, ce matin, je n'étais pas dans mon assiette. J'ai une de ces migraines... Je n'ai rien osé dire à maman, je me suis juste efforcée de lui raconter la soirée, l'air de rien. Une prouesse : je souffrais le martyre ! En tout cas, je ne boirai plus ; ce n'est même pas bon, ça ne vaut pas le coup de se rendre malade. Et puis, si c'est pour devenir comme la mère de Cathy, merci bien !

À part ça, la musique était chouette, il y avait tous mes copains et pas de chaperons pour gâcher l'ambiance. Et, sans David et Jamie, j'étais libre de rigoler avec qui ça me chantait ! Sam Pattelli, un élève de ma classe, m'a invitée à sortir. Il n'est pas trop mal, j'ai failli dire oui, mais j'ai subitement réalisé combien j'aimais ma liberté retrouvée ! J'ai refusé sous prétexte que je sortais déjà avec quelqu'un – ce qui n'est pas faux tant que je n'ai pas quitté Jamie-David. Je crois que je vais rester un moment célibataire et profiter de ma jeunesse. Les garçons sont trop compliqués !

Par contre, pour Sadie et Adam, on peut dire que ça roule. Ma copine est presque complètement rétablie, elle est rayonnante ! Qu'est-ce qu'ils se sont amusés, hier, elle et son chéri ! Depuis le temps qu'ils se voient... Comme quoi, l'amour réussit à certains, ça fait plaisir.

3 juillet

J'ai l'impression que Jenny a bu, hier soir. Elle essayait de le dissimuler, mais j'ai bien vu qu'elle n'allait pas bien. Elle déteste vomir, j'espère qu'elle retiendra la leçon. Je me demande comment ils ont trompé la vigilance de Gloria... Les anciens alcooliques sont plus intransigeants que n'importe qui, dans ces cas-là. Enfin... avec Mike, on a décidé de passer l'éponge, pour cette fois. *Il nous semble plus intelligent de faire comme si on ne s'était rendu compte de rien... Mais qu'elle n'y revienne pas, déjà qu'elle se laisse tourner la tête par la plupart des garçons qu'elle croise ! De mon temps, ça ne se faisait pas, de sortir avec plusieurs à la fois. Elle commence à l'hôpital la semaine prochaine ; ça lui mettra peut-être un peu de plomb dans la cervelle...*

7 juillet

Jamie et moi, on a cassé.

Sans dispute, rien. Simplement, on discutait de l'avenir, de mon projet d'abandonner le lycée tandis que lui continuerait et, tout d'un coup, il a dit qu'il se demandait depuis quelque temps si on était faits l'un pour l'autre, question amour. Alors on est tombés d'accord : on sera toujours de super copains, mais pas plus.

Bien qu'on ait senti chacun que la fin approchait, j'étais vraiment mal, en rentrant à la maison ; presque comme quand David m'a trompée. C'est stupide, puisque je cherchais justement à rompre avec Jamie, mais, bon... Il me comprend mieux que personne et sa compagnie me réconfortait, ça va me manquer. Je ne suis pas faite non plus pour David, seulement je ne peux pas me résoudre à le quitter, il m'électrise ! Pourtant, quand on est séparés, je ne pense plus à lui, ça m'est devenu égal. Peut-être que mon destin, c'est de vivre seule, sans homme... et c'est pas gai !

8 juillet

Je m'inquiète pour maman. Papa aussi, d'ailleurs. Elle a une mine affreuse, blême, harassée, et elle est si É-NOR-ME, ce n'est pas normal à sept mois ! Un peu plus, et on sera obligés de la faire rouler... Je ne le lui dirai pas, mais de la regarder vous passe carrément l'envie d'avoir des enfants. Sans compter qu'elle pigne pour un oui, pour un non ; on en voit de rudes, avec Jonathan ! Papa veut qu'elle arrête plus tôt de travailler, mais elle refuse sous prétexte que le médecin considère que tout est okay, qu'elle peut continuer. Elle ment : ça crève les yeux, elle n'est pas okay du tout !

Avec papa, on a décidé de se partager les corvées ménagères, qu'elle se repose le plus possible. Bien sûr, Jonathan-la-peste exige d'aider, lui aussi. On l'a chargé de mettre et débarrasser le couvert et de nettoyer la salle de bains ; surprise : ça ne lui plaît pas ! Ce qu'il veut, c'est laver la voiture et réparer des trucs. Ben tiens, un bricolo de sept ans, c'est *indispensable* dans une maison ! Maintenant, il boude et pourrit la vie de maman. J'essaie de le comprendre, le stress qui règne ici doit l'atteindre... mais s'il compte fêter ses huit ans, il a intérêt à changer d'attitude !

8 juillet

Jenny et Jamie se sont séparés. L'initiative vient probablement de lui, Jenny a une mine de chien battu... et une humeur « mordante » ! Mais elle refuse d'en parler. Quand Mike a demandé si Jamie passait, ce week-end, elle a juste grommelé : « On n'est plus ensemble. » Histoire de plaisanter, Mike lui a dit : « Haut les cœurs, tu as déjà un David de rechange », mais ça ne lui a pas beaucoup plu, ça, à notre fille.

La chaleur est étouffante, ces derniers jours, cela m'achève ! Si je pouvais dormir, dormir, dormir...

Le médecin m'a recommandé d'arrêter le boulot

plus tôt afin de me reposer. Mais je ne travaille qu'à mi-temps, et je me suis engagée à assurer le service jusqu'à la fin du mois. Avec les vacances, on est en sous-effectif, alors... Il faut que je trouve un moyen de ralentir. Mike et Jenny ont discuté, hier soir. Ils ont décidé de mettre la main à la pâte. Par exemple, ils s'occuperont du dîner quatre fois par semaine, à tour de rôle... Ça promet !

10 juillet

Mon premier jour aux urgences : super ! Tout le monde a été accueillant, serviable. Le mauvais côté, c'est que maman m'a exhibée, pleine d'orgueil, et nul n'ignorait qu'elle est ma mère... Plutôt gênant d'assumer sa parenté sur son lieu de travail, et vu son état de femme MÉGA-ENCEINTE, c'est carrément l'angoisse ! J'ai eu droit à des tonnes de sarcasmes sur « la baby-sitter toute trouvée », sur « mes enfants qui auront un oncle ou une tante pratiquement du même âge qu'eux »... À la longue, ça saoule !

Mais le boulot me plaît bien. J'ai surtout classé des dossiers, rempli des fiches. J'ai réussi à visiter deux salles, aussi. Cet hôpital est chouette. Les médecins et les infirmières ont un sacré pain sur la planche ! J'ai observé un petit groupe, à la cantine, et je m'imaginais à leur place, tenant la vie des gens entre mes mains... Eux semblaient à l'aise avec ça, ils s'amusaient même vachement. Je suppose que c'est une profession où les collègues sont à peu près de la même génération, ça aide. Mais je ne suis qu'une humble employée de bureau, inutile d'avoir des rêves de grandeur ! Je crois que je pourrais faire mon trou, s'ils m'offraient une place définitive. Au moins, pas besoin d'étudier, à mon poste. Par contre, je n'ai pas encore parlé de mes projets aux parents...

10 juillet

Jenny a commencé aujourd'hui, aux urgences. Elle s'en est bien tirée, j'étais fière d'elle. Michelle m'a dit que j'avais de la chance d'avoir une fille aussi intelligente et enjouée ! Ça alors, pour une nouvelle... À la maison, Jenny traîne sa morosité de pièce en pièce, et elle manque parfois cruellement de sens commun ! Mais, en l'observant travailler, j'ai réalisé qu'elle changeait ; oui, elle grandit bien. C'est merveilleux d'être ensemble à l'hôpital. Jenny a apprécié que je sois là pour la présenter, lui montrer deux ou trois choses ; ce premier jour a été une réussite.

13 juillet

Le médecin a remis ça. Elle m'a demandé si je considérais qu'assurer mon service jusqu'au bout, aux urgences, valait la peine de risquer ma santé et celle du bébé. Bien sûr que l'enfant passe avant les collègues ! Je me suis sentie si bête... J'ai immédiatement appelé Michelle, et notre patron. Tous deux ont compris ; ils m'ont même reproché de ne pas m'être arrêtée plus tôt ! Il n'empêche que je me sens coupable de les laisser dans un tel pétrin. Et puis j'ai du chagrin pour Jenny : elle comptait sur ma présence pour encore deux bonnes semaines...

Mais, par-dessus tout, je suis quand même sou-la-gée. J'ai tellement besoin de repos ! Avec les coups de pied qu'il me donne, notre petit dernier est un rugbyman en herbe...

14 juillet

Maman a lâché le boulot. Il était temps que son incapable de docteur lui prescrive du repos ! J'avais tout le temps peur qu'elle s'évanouisse, à l'accueil – même si, dans un hôpital, c'est l'idéal pour ça ! Et puis, sans vouloir être méchante, je préfère qu'elle ne soit plus sur mon dos. C'était la honte, à force. L'infirmière en chef m'a dit que je faisais du bon travail et qu'ils étaient tous contents de m'avoir dans l'équipe. Ça fait plutôt plaisir !

Après le déjeuner, j'ai dû monter des dossiers en gériatrie. Dehors, on frôlait les quarante degrés, mais les patients portaient des robes de chambre. Moi, j'étouffais carrément ! Ils m'ont fait pitié, tous ces petits vieux. Soit ils restaient à fixer le vide, soit ils regardaient d'un air d'envie ceux qui recevaient de la visite. Une vieille dame m'a complètement chamboulée. Elle avait les larmes aux yeux en observant les fleurs, les chocolats et la famille de son voisin de lit. Sur sa table de chevet à elle, il n'y avait rien qu'une carte postale. Alors, je me suis approchée d'elle et je lui ai parlé deux minutes. Son visage s'est illuminé ! Je vais essayer de revenir chaque jour, après mon service. Pour moi, ce n'est pas grand-chose, et cela représente tant pour elle...

15 juillet

Grosse dispute avec David. Tout est fini entre nous, ça y est. J'avais oublié qu'il rentrait de France *aujourd'hui* (dire qu'avant, je comptais les secondes en me lamentant !) et j'avais promis à Sadie de lui tenir compagnie ; elle se languit de son Adam, en vacances aussi. Alors voici David qui débarque comme une fleur et me prie de laisser tomber ma copine pour sortir avec lui ! Il ne doute de rien, ce garçon ! Je ne l'ai pas fait exprès, moi, d'oublier, et puis d'abord, on n'avait rien prévu et je ne suis pas *forcément* obligée de lui consacrer chaque minute de mon temps libre ! Je lui ai proposé de le voir demain mais il s'est mis à tirer la tronche, comme si *je devais* choisir entre lui et Sadie. Il n'y a pas photo, quand je repense à ce qu'il nous a fait subir, à toutes les deux, par le passé... Là, je me suis énervée, je lui ai sorti des trucs que je n'aurais pas dû, et d'autres que j'aurais dû cracher bien plus tôt. « Dans ces conditions, a répondu David, on ferait bien mieux d'en rester là ! » « Okay », j'ai acquiescé. Sur quoi il est parti sans un mot de plus ! Peut-être reviendra-t-il, peut-être pas... Bof !

Sadie et moi avons noyé notre chagrin à coups de Champomy en nous bourrant de chips goût oignon : sans garçons, pas besoin de surveiller notre haleine. Et on a passé un super super moment !

15 juillet

Jenny a compris qu'à trop jouer avec le feu, on se brûle... Elle s'est disputée avec David, et ils semblent fâchés pour de bon. Ça lui apprendra peut-être la loyauté, et la fidélité. En gros, elle faisait à David et Jamie ce qu'elle avait reproché à David. Mais j'ai quand même du chagrin pour Jenny. À son âge, elle devrait flirter, sortir, s'amuser... Au lieu de quoi, elle perd ses amoureux et regarde la télé chez Sadie. Je devrais me réjouir qu'elle soit là plutôt qu'en discothèque ; pourtant, je trouve cela injuste.

Je me sens beaucoup mieux, depuis que je ne travaille plus. Je reste pas mal assise, à rêvasser. C'est si fantastique, un bébé ! On en oublierait presque les nuits blanches, les monceaux de couches-culottes, les cris incessants... Oui, presque.

Mike et Jenny tiennent leur promesse et m'aident beaucoup, à la maison. Même Jonathan : il s'occupe de la table, de la vaisselle. (Je garde une serviette à portée de main pour essuyer les traces, sur les couverts.) Lorsque Mike cuisine, c'est basique, mais comestible. Par contre, quand c'est Jenny... tous au régime végétarien – elle est incapable de cuire deux plats à la fois – et ambitieux : elle méprise la simplicité. Il faut voir les grimaces de Jonathan qui se rabat ensuite sur des bâtonnets de poisson. Jenny ne se vexe pas, elle met ça sur le compte du manque de maturité de son frère. Si seulement je pouvais encore avoir sept ans et ne me soucier ni de tact ni de politesse. Mais Jenny se donne du mal... et moi aussi ! Dorénavant, dès qu'elle aura le dos tourné, razzia sur le congélateur !

5 août

Je déteste l'admettre, mais papa avait raison.

Après des débuts prometteurs, ce boulot aux urgences me sort par les yeux ! Normalement, j'ai droit à des vacances, mais on ne part pas, à cause du bébé. Papa a juré de compenser en nous emmenant l'an prochain à l'étranger. Seulement moi, j'aurai dix-sept ans et, à dix-sept ans, les vacances en famille...

Dur, de se lever tôt le matin pour passer sa journée dans la paperasserie. Par contre, parler aux patients, ça me plaît. Je monte chaque jour en gériatrie et, en observant les infirmiers, je me dis que finalement je vais continuer mes études. Avec mon GCSE complet, je pourrais devenir infirmière, ou kiné ou... je ne sais pas, un métier où on aide les gens, en tout cas. Une chose est sûre, scribouillard, ce n'est pas pour moi ; je ne suis pas assez organisée, et j'ai besoin d'action !

Aujourd'hui, j'ai tenu l'accueil une heure. Dans les séries télé, on nous montre toujours d'horribles accidentés à moitié morts : que dalle, oui ! Dans la réalité, c'est un cortège de petits bobos bénins, de malades capables d'attendre deux heures sans s'évanouir ni se bagarrer... Peut-être que c'est plus palpitant la nuit, mais je suis trop jeune pour ce service. Alors voilà. Je gagne de l'argent, mais le soir, je suis trop crevée pour le dépenser. Je me suis un peu plainte à papa, il a souri en me souhaitant : « Bienvenue dans le Monde de l'Indépendance ! » Bonjour la compassion paternelle !

6 août

Je ne sais pas si je m'habitue, mais maman est rayonnante. Elle rêvasse (au bébé, j'imagine) et on dirait qu'elle flotte loin au-dessus de nous. Elle est belle, sereine. Je MEURS d'impatience de voir la tête du bébé ! Quand j'aurai vingt-six ans, il ou elle en aura dix. Peut-être qu'il/elle viendra habiter dans mon appart quand les parents s'absenteront... Quoique si c'est un autre Jonathan, merci bien ! Moi, je préférerais une fille (Jonathan, lui, il s'en fiche, dès l'instant qu'il joue au grand frère !) ; elle me prendrait pour modèle, je lui enseignerais des tas de trucs. D'ailleurs, j'aurais dû faire ça avec Jonathan... mais il n'est pas trop tard. Bientôt, je serai la sœur aînée irréprochable de *deux* bambins !

6 août

Pitié, faites que le bébé se presse d'arriver – un prématuré, tant pis ! Je me sens énorme, je meurs de chaud, je suis si mal dans ma peau... et tout le monde me tape sur les nerfs, même moi ! Je ne peux plus me remuer, j'ai l'impression que je vais explo-

ser. J'ai été folle, de faire ce troisième enfant. Dans dix ans, à la majorité de Jonathan, je retrouvais ma liberté... et voici que je retourne à la case départ ! À quoi bon me plaindre, de toute façon ? Personne ne me comprendrait.

10 août

Je râlais que j'en avais ras le bol et que je voulais des vacances, quand Sadie a eu une idée sensas. Sa tante a une caravane au bord de la mer, à Littlehampton, dans le Sussex. Sadie l'a appelée pour lui demander si on pouvait y passer deux ou trois jours, et sa tante a accepté ! On ira avec Cathy. Rien que nous trois, comme au bon vieux temps, sans amoureux pour ficher la zizanie... Ça sera top-géant !

Je croyais devoir batailler pour obtenir l'accord des parents et, surprise ! ils ont tout de suite dit oui ! La caravane est immobilisée sur un terrain privé, maman trouve cela super. Ce dont elle ne se doute pas, c'est que, là-bas, on va HONTEUSEMENT se tourner les pouces, avec mes copines !

12 août

J'ai un peu repris du poil de la bête, mais il me tarde que le bébé naisse : la délivrance, enfin ! Jenny va partir quelques jours avec ses copines du côté de Brighton, dans le Sussex ; la tante de Sadie leur prête une caravane. Avant même que Jenny me demande la permission, la mère de Sadie m'a téléphoné. Elle m'a expliqué qu'en fait, ils avaient tout prévu, avec son mari. Elle m'a rassurée sur l'emplacement : c'est un endroit très calme, sans risque. Et puis, d'excellents amis à eux y passent l'été, et ils ont promis de veiller sur les filles... à leur insu, évidemment ! Aussi, lorsque Jenny nous en a parlé, à Mike et à moi, nous avons tout de suite accepté. Elle n'en revenait pas ! Je la soupçonne d'avoir été déçue ; elle avait des tas d'arguments convaincants à nous jeter à la figure... Ce sera une belle expérience pour elles trois, l'occasion de goûter à l'indépendance. Et puis, la gratitude de Jenny est sans bornes : elle est devenue ABSOLUMENT CHARMANTE *avec nous, soudain !*

16 août

Je suis vernie, en ce moment ! Non seulement je vais partir en voyage sans parents, mais je viens de rencontrer un élève infirmier, un PRINCE ! Il a presque dix-neuf ans, il s'appelle Gaspard et il a tout : il est grand, beau, plein d'humour et ses yeux, ses yeux... ! Jamais je n'avais vu un marron comme ça. Sadie a beaucoup ri. D'accord, Gaspard, c'est un prénom un peu vieux jeu mais sa mère est antillaise et, là-bas, Gaspard, c'est dans le coup ! Il passe toujours ses vacances à la Jamaïque, chez sa grand-mère. À côté, Littlehampton, ça ne le fait pas trop !

Sadie-la-mesquine m'a rappelé que j'avais tiré un trait sur les garçons. C'est injuste, cette remarque ! D'accord, j'aimais assez ma liberté, mais abandonner Gaspard-le-magnifique à n'importe quelle fille insignifiante serait un affreux gâchis, UN CRIME ! En plus, je crois que je lui plais bien. Il ne m'a pas invitée à sortir ; *pas encore*, du moins. Mais ne brusquons pas les choses...

16 août

Je connais ma fille : cet éclat, dans son regard, il y a un garçon là-dessous. Quelqu'un de l'hôpital, sans doute. Elle n'avait encore jamais été aussi pressée de filer au travail, le matin... J'ai appelé Michelle, hier. Elle pense qu'il s'agit d'un certain Gaspard, un nouvel étudiant qui, d'après elle, est plutôt pas mal. En tout cas, il rend Jenny radieuse...

Plus que trois semaines et demie, pour moi. Allez, bébé, active-toi !

20 août

Je désespère ! Qu'est-ce qui cloche, avec Gaspard ? J'ai tout essayé, sauf porter un panneau « Hé ! J'existe et je t'aime ! » autour du cou, sans résultat. Soit il est insensible à mes charmes, soit il est trop timide pour prendre sa vie en main ! Il me sourit, on discute, il m'a posé des questions sur mes amis, sur mes goûts, mes loisirs (j'en ai même rajouté, au cas où je tomberais sur un truc que lui apprécie), mais jamais, jamais il ne m'a posé LA question cruciale. Michelle m'a dit tout à l'heure qu'il lui avait demandé si j'avais un amoureux, et qu'a-t-elle répondu, cette cruche ? « Oh, rien de bien sérieux » ! Au secours ! Ça va me faire passer pour quoi, ça ? Une instable, une volage ? Je l'ai priée de rétablir la vérité au plus vite : je n'ai AUCUN AMOUREUX, et je cherche justement quelqu'un d'intelligent, doux, sérieux, fidèle. Michelle a éclaté de rire en disant qu'elle voyait le tableau. On passerait par n'importe quelle humiliation pour séduire enfin l'homme de sa vie...

21 août

J'ignore ce que Michelle a raconté à Gaspard mais cela n'a rien changé : aucune invitation. Je vais bientôt devoir abandonner. Dans trois jours, j'arrête ici et je pars dans le Sussex. Bof, après tout, un de perdu, dix de retrouvés, comme le serine papa... Je lui laisse encore deux jours, à Gaspard, et après, tant pis pour lui !

22 août

Michelle m'a rendu visite hier, avec un gros bouquet de fleurs... et les potins du bureau. Jenny et

Gaspard distraient tout le service ! D'après ce que j'ai compris, il se consume littéralement d'amour pour elle, mais il n'arrive pas à le lui dire. Il s'arrange pour la croiser partout : dans les couloirs, l'ascenseur... Il paraît qu'il s'est fait rabrouer par l'infirmière en chef car il la suivait des yeux, et quand Jenny lui a souri, il est devenu rouge brique ! Michelle dit que la patience de Jenny est admirable, qu'elle encourage tellement Gaspard, par son attitude, qu'elle est un manuel « Comment le séduire ? » vivant ! Mon amie aurait même appris deux ou trois trucs qu'elle ne connaissait pas... Quel âge terrible, l'adolescence ! Pourtant, à notre époque, c'est tellement plus simple, avec l'égalité des sexes et tout. Il faudra que je demande à Jenny pourquoi elle attend que Gaspard l'invite ; qu'elle l'invite elle-même, sacré bon sang !

25 août

C'était mon dernier jour à l'hôpital. L'équipe m'a offert des chocolats en me remerciant pour mon travail. Mme Drew, la vieille femme à laquelle je tenais un peu compagnie, était embêtée. Je lui ai promis de lui envoyer un coucou du Sussex et de revenir la voir. Elle pourrait bientôt rentrer chez elle, si sa fille et son beau-fils ne se contrefichaient pas de son sort. L'assistante sociale va lui fournir une aide à domicile ; cela ne remplace pas la chaleur d'une famille. J'espère que je ne traiterai jamais papa et maman comme ça, même s'ils deviennent hyper pénibles ! Papa dit qu'on ne peut pas juger, qu'on n'a pas tous les éléments de l'histoire. D'accord, mais c'est dur. Peut-être que je deviendrai infirmière pour personnes âgées, plus tard...

Bon, assez parlé boulot, ce sont LES VACANCES ! Quant à Gaspard, c'est sans espoir, j'ai abandonné, la patience d'une femme a ses limites. Je l'ai embrassé sur la joue, il a dit que je lui manquerais, je lui ai répondu moi aussi, et au revoir. Voilà. Adieu mes rêves !

En parlant de rêves, cette nuit, ils risquent de virer aux cauchemars ! Les résultats des GCSE doivent arriver d'ici un jour ou deux ; mon avenir est en jeu ! Sans compter l'ambiance, à la maison, si je rate ces examens. J'entends déjà les parents : et il faut les repasser, et fournir plus d'efforts, et étudier, ne plus ni sortir, ni s'amuser... et tout un tas d'autres horreurs.

26 août

Mes notes sont arrivées : gloire et victoire !

Deux A, un B, quatre C, deux D. Là, ce n'est que justice, j'étais tellement découragée que je n'ai pas fait grand-chose. Dommage pour les maths et les sciences : en me donnant un peu plus de mal, j'aurais pu avoir B. Mais, bon, les parents sont contents. Et maman qui ne me croyait pas, quand je lui répétais que je travaillais dur ! Maintenant, je continue, je vais en terminale.

Cathy a échoué, elle n'a eu que des D et des E. Sauf un C, en maths, pas fameux... Elle va devoir tout repasser. Sadie n'a eu que des B et des C, plus un A en sciences ! Malgré sa maladie, elle a obtenu les meilleurs résultats, génial ! On fêtera ça (Cathy, on la consolera !) à Littlehampton, seules, libres !

26 août

Jenny a reçu ses résultats d'examens. Elle s'en est très bien sortie ! Nous aurions adoré qu'elle obtienne des A partout, mais deux, c'est déjà ça. Le plus important, c'est qu'elle puisse poursuivre, entrer en terminale et se préparer à la fac.

Nous sommes tous très fiers d'elle. Même Jonathan lui a écrit une petite carte de félicitations, et maman va lui envoyer de l'argent, qu'elle puisse fêter son succès. Je lui laisse la surprise pour son retour, elle sera fauchée. Ça me fait bizarre de la voir se préparer à partir sans nous... Heureusement que les proches de Sadie seront là pour veiller au grain !

28 août (Littlehampton)

On est loin des trépidations de la ville, mais c'est sympa. La caravane est assez grande, avec un jardinet et une barrière tout autour. On n'est que trente, dans le camping, alors il n'y a pas d'aménagements spéciaux, style boîte de nuit. Par contre, on est à deux pas de la plage et le front de mer grouille de cafés, de boutiques... Il y a même une fête foraine. On a pris le bus, hier soir, et on a fait une virée à Brighton. On s'est bien amusées. Ensuite, on a joué aux cartes, mais l'ambiance était un peu tendue avec Cathy...

29 août

Cathy avait rendez-vous avec un garçon, ce soir. On lui a dit que ce n'était pas bien, pour Ted, mais elle y est allée quand même. Elle ne grandira jamais, celle-là ! Et pourtant, question hommes, c'est elle qui a le plus d'expérience... J'aurais aimé faire un tour à la fête foraine, mais Sadie a dit qu'elle était trop fatiguée. Je crois qu'elle s'inquiétait pour Cathy, aussi. Alors, on a joué aux cartes.

30 août

On passe des jours paisibles, très cool. On a joué les toasts sur la plage, et puis on s'est baladées à droite à gauche. La campagne est hyper jolie, dans le coin. Cathy est très silencieuse, depuis son rendez-vous. Elle ne reverra pas le garçon, elle doit avoir des remords. Sadie semble encore fatiguée. En tout cas, Littlehampton-By-Night, on n'a pas vu... Notre seule sortie, ça a été chez des voisins de caravane qui – hasard ! – sont justement des amis de la mère et de la tante de Sadie. Ils nous ont invitées à dîner, on a regardé « Les feux de l'amour » à la télé... Une soirée de folie, quoi.

Demain, papa vient nous chercher avec Jonathan. Bizarrement, ils m'ont tous super manqué. Être loin de maman, dans son état, ça m'a embêtée. Et puis, le bébé aurait pu s'annoncer pendant mon absence ! En tout cas, je suis ravie de rentrer.

31 août

Contente d'être de retour. J'ai l'impression que maman a encore grossi, mais c'est impossible, bien sûr. C'est que j'ai tellement, tellement hâte que le bébé naisse, maintenant !

Du courrier m'attendait. Une carte d'Espagne de Jamie, de l'argent de grand-mère (« pour mes vacances », écrit-elle : elle a toujours un train de retard !). Le mieux, c'est Gaspard ! Il m'a envoyé un petit mot comme quoi je n'avais qu'à l'appeler si j'avais envie de l'accompagner au mariage de sa sœur, la semaine prochaine. Si j'en ai envie... ! Tant que le bébé ne choisit pas cette date-là pour débarquer, il faudra me passer sur le corps pour m'en empêcher !

31 août

Les filles sont rentrées, bien bronzées, bien reposées, apparemment satisfaites de leur petite escapade. Nos espions du camping ont rapporté à la mère de Sadie qu'elles s'étaient conduites de manière exemplaire. Pas de folle nuit ni rien. Elles se sont dorées au soleil, ont bavardé des soirées entières, comme n'importe quelles adolescentes de leur âge.

Jenny m'a manqué. Qu'elle parte seule m'a brusquement fait prendre conscience de la jeune fille accomplie qu'elle est devenue. C'est vrai qu'elle nous tape souvent sur les nerfs, mais je réalise combien je peux m'appuyer sur elle, et elle est plutôt une chouette grande sœur, pour Jonathan. J'espère que le bébé appréciera les vertus d'une aînée, et lui démontrera en échange tous les avantages de sa venue... On ne devrait plus tarder à le savoir, maintenant !

1er septembre

Fini, les vacances ! Je regretterais presque de ne pas avoir abandonné les études, à présent. On a des tonnes de trucs à lire, pour la rentrée – terrifiant ! J'étais censée m'y mettre fin juin et « y aller en douceur au cours des vacances », comme le conseillait Potter Potiche, mais bon, j'avais toujours mieux à faire, alors... J'ai commencé à lire *Hamlet* mais c'est si rasoir que j'arrive à peine à garder les yeux ouverts. Notre lycée est champion, question littérature surannée ; quand je pense qu'ailleurs, ils mettent des auteurs modernes au programme ! Nous, on a droit aux assommants Shakespeare, Milton, Yeats et j'en passe... Je ne me fatiguerai même pas à comprendre en quoi c'est utile, au vingt et unième siècle ! L'histoire sera sûrement mieux : ils ont prévu des visites, des études de vieux documents. En sciences, j'ai choisi biologie. Je n'adore pas, mais ce sera pratique si je deviens infirmière et puis, physique/chimie, mieux valait oublier...

Dans l'ensemble, ce ne sera pas de la tarte, quoi. Encore une fois ! Au moins, les profs cesseront de nous traiter en bébés, et on aura plus de liberté. Maman dit que ce n'est rien, un an ou deux, dans toute une vie ; je survivrai.

J'ai appelé Gaspard pour accepter son invitation. Il a failli s'évanouir au bout du fil ! Il semblait heureux, c'est cool. Je ne serai pas obligée d'assister à la cérémonie, juste à la soirée. Il vient me chercher demain après le boulot pour me parler de sa famille. Juste une excuse bidon, ça... mais je ne m'en plains surtout pas !

1er septembre

Jenny sait enfin ce qu'elle veut. Aussitôt ses bagages défaits, elle plongeait dans ses bouquins scolaires ! Je parie qu'elle trépignait à l'idée d'étudier enfin nos Grands Auteurs, après toute cette bouillie contemporaine de l'année écoulée... Nous discuterons ensemble de l'Héritage Littéraire du pays ; elle m'apprendra une anecdote ou deux, ce sera formidable.

J'ai déjeuné avec Liz, aujourd'hui. Son fils Simon refuse de poursuivre ses études, il projette de se faire engager comme jardinier municipal. Liz l'a supplié, mais il considère qu'aller à l'université serait une perte de temps puisqu'il veut être libre et indépendant DÈS MAINTENANT. *Un moment, je soupçonnais Jenny de me fomenter un coup pareil... En réalité, ma fille s'était fixé le but d'entrer en terminale L depuis le début, et elle n'en a jamais démordu ! Une opiniâtreté digne de louanges !*

2 septembre

J'ai fait le tour de mes copains, pour leurs résultats d'examens. La pure catastrophe, c'est Natalie : deux C, puis une belle collection de E et de F ! Tu parles, avec la vie de débauchée qu'elle mène ! Sa mère a piqué une crise ; si jamais Natalie refuse de redoubler, autant qu'elle se fasse hara-kiri tout de suite ! Dieu merci, j'ai échappé à ça... David a obtenu une kyrielle de B, un A et un C – quelle tête, celui-là ! On sera ensemble en classe de biologie, bonjour l'angoisse. Par contre, je serai avec Sadie en histoire et en anglais. Chouette !

Maman est persuadée que le bébé va s'annoncer plus tôt que prévu. On est tous sur les dents, à la maison, à guetter ses premiers cris de souffrance. Elle dit que c'est dans les films, qu'on accouche *brusquement* sur le tapis. Mais je préfère me tenir parée à toute éventualité ; avoir déjà DEUX ENFANTS ne la rend pas forcément experte, non ?

Papa agit avec une gravité solennelle, inflexible ; un vrai sportif prêt à remporter la coupe ! Le matin, il dresse à maman une liste de numéros de téléphone où le contacter, et si son boulot l'envoie à droite à gauche, sa secrétaire appelle. Maman doit en avoir hyper marre, de cette pression ! Moi, je m'éclipse, j'essaie de la laisser respirer un peu, la pauvre...

Gaspard m'a emmenée boire un verre, ce soir. Il croise tellement d'ivrognes, aux urgences, qu'il déteste l'alcool. Voilà mon genre d'homme ; on a commandé des Coca, on a bavardé, et puis il m'a raccompagnée à l'angle de ma rue (je n'ai pas encore dit à maman *qui* je vois. Elle s'empresserait de cancaner dans mon dos, avec Michelle !). Je ne veux ni être mièvre, ni parler comme dans un roman rose. Je me contenterai donc de dire que Gaspard est tellement différent ; il bat Nick, David et Jamie À PLATE COUTURE !

4 septembre

J'ai rêvé du bébé, cette nuit : un petit garçon blond, avec d'immenses yeux bleus. Il me souriait. C'était si réaliste que je me suis éveillée en tendant les bras vers lui ! Quelle étrange sensation... Le bébé a dû m'envoyer un signe de sa naissance imminente. Je le sentais bien, qu'il arriverait avec un peu d'avance.

Mike et Jonathan sont adorables, si attention-

nés... ! Mon mari veille à ce que je puisse le joindre vingt-quatre heures sur vingt-quatre, et mon fils ne va plus goûter chez ses copains, de peur de ne pas être là le moment venu. Seule Jenny se tient à l'écart. Pourtant, elle « meurt de hâte que le bébé se pointe ». Mais je la trouve distante, désintéressée. Hier soir, elle avait rendez-vous avec un mystérieux ami... Elle est rentrée le regard pétillant, la tête à l'envers ! Je lui ai demandé si ça avait été agréable, elle a poussé un profond soupir et a susurré en minaudant un : « Oh, oui alors... » Mille euros qu'il s'appelle Gaspard-l'Infirmier, son mystérieux ami ! J'en saurai bientôt plus grâce à Michelle. Et puis, Jenny nous réserve certainement l'insigne privilège *d'entr'apercevoir son futur ex-homme-de-sa-vie...*

5 septembre

Trois heures du matin, je ne peux pas dormir...

Demain, c'est le mariage de la sœur de Gaspard, la réception sera grandiose. Et puis, surtout, je suis sur les nerfs, à cause du bébé. Il peut arriver d'une minute à l'autre, ça fait tout drôle...

9 septembre

Et voilà. La naissance était prévue pour aujourd'hui, et je suis toujours là. J'étais pourtant sûre que le bébé serait en avance... J'ai vu le médecin ; elle dit que tout est normal, qu'il faut juste patienter. Les enfants ayant repris l'école, j'ai pratiquement passé la journée au fond du canapé, à attendre, attendre...

Le téléphone n'a pas cessé de sonner. Des amis, la famille, Mike, Jenny : « Allô, tu es encore là, ça va ? » C'est vraiment casse-pieds, à la fin ! La journée a duré un siècle et Jonathan a été horripilant, un poison. Il ne peut pas comprendre pourquoi le bébé n'arrive pas, puisque c'est la date. Il s'imagine quoi ? que c'est réglé à la minute près ? Je n'aurais pas dû charger Mike de lui expliquer le processus... mais je suis trop harassée pour m'occuper de cela maintenant. J'ai juste dit à Jonathan qu'il faut savoir se montrer patient. Si seulement moi, je savais !

Allez, bébé, décide-toi, par pitié !

10 septembre

Avec la rentrée des classes, le bébé en retard, je n'ai pas eu le cœur d'écrire, ces derniers jours.

J'aimerais tant que maman se dépêche d'accoucher et redevienne enfin normale...

Un petit mot sur la réception de mariage de la sœur de mon Gaspard, quand même ! Il a une famille stupéfiante. Une bande d'extravertis qui chantent, dansent, hurlent, et m'ont tous traitée en amie de longue date. À côté, je trouvais insensé que Gaspard soit si timide ! On s'est pas mal embrassés, de longs baisers doux... jusqu'à ce que sa mère éclate de rire en nous surprenant. Elle a crié à ses filles de venir voir vite, et elles se sont mises à plaisanter sur Gaspard-le-tombeur, le Casanova-des-temps-modernes, etc.

Finalement, pas surprenant que Gaspard soit si coincé !

12 septembre

Maman est encore à la maison. On essaie de la distraire un peu en lui faisant des blagues là-dessus, mais elle en a méga marre, d'attendre. Et je la comprends !

12 septembre

Toujours là.

« Alors, pas encore à la clinique ? » Le prochain qui me sort ça, je l'étripe. L'épicière, le laitier, celui qui fait traverser la rue aux enfants, devant l'école de Jonathan, mes amis, ma propre famille : tout le monde trouve cette remarque très amusante, très spirituelle.

« Alors, on est encore là ? » Quelle sale blague, vraiment ! Je me sens comme une espèce de baleine échouée sur le sable. Si ce bébé ne se décide pas très vite, je me vengerai sur son prénom !

13 septembre

Ce week-end, j'ai transpiré sur mes devoirs tandis que Gaspard révisait ses examens d'octobre. On s'est octroyé deux heures ensemble, samedi soir. On était tellement lessivés qu'on n'a pas bougé du pub, on a regardé un tournoi de fléchettes. Mais on s'est promis une soirée de chef, après les épreuves de Gaspard. On ira au spectacle, au restaurant... Mon Gaspard économise exprès ; ça m'a super émue, ça, car il gagne une misère alors qu'il bosse comme un dingue. Moi, il me reste encore un peu de sous de côté (entre le baby-sitting, l'hôpital, les corvées en extra, à la maison, je suis plutôt riche...) et j'ai insisté pour qu'on partage les dépenses. Une femme moderne ne peut mieux utiliser son argent qu'en aidant sa moitié ! – enfin, sa moitié, c'est un grand mot, mais, qui sait...

14 septembre

Toujours là.

15 septembre

Toujours là.

J'ai souffert du dos toute la journée mais, au lieu de me reposer, je ne sais pas pourquoi, je me suis occupée de dégivrer le congélateur. Mais je suis encore là, bien là.

16 septembre

Il n'est que dix heures du matin, et c'est déjà LE PLUS BEAU JOUR DE MA VIE ! Plus beau que mon entrée au lycée, plus beau que mon premier baiser, plus beau que la naissance de Jonathan – j'étais trop petite pour réaliser...

Tôt ce matin, à sept heures onze minutes, **Elizabeth Joanna Murray, trois kilos cinq cent quatre-vingt-dix grammes, est venue au monde !** Le bébé et sa maman se portent au mieux, merci.

Papa m'a réveillée en catastrophe à deux heures : ça y était, il conduisait maman à la clinique ! Je les ai regardés partir, maman en chemise de nuit sous son manteau, papa lui portant son sac, et mon cœur s'est serré comme celui d'une mère le premier jour d'école de ses enfants. Je me sentais fière, nerveuse... morte de trouille. Ils n'ont pas voulu prévenir Jonathan ; je me suis installée devant la télé, m'efforçant de ne pas penser à tout ce qui pourrait mal tourner. Et enfin, juste avant huit heures, la sonnerie du téléphone a tiré Jonathan du lit : papa nous annonçait en fanfare que notre petite sœur était née et que nous pouvions rappliquer en taxi !

Elizabeth est la plus exquise petite chose de l'univers ; une vraie poupée, j'en ai les larmes aux yeux ! Elle n'est même pas rouge, même pas fripée. Sa peau ressemble à de la porcelaine, de fins cheveux bruns se dressent sur son crâne et ses immenses yeux d'un bleu profond s'écarquillent sur tous ces fous qui se penchent, extasiés, au-dessus de son berceau. Ne t'en fais pas, petite sœur, tu apprendras bien assez tôt à les connaître, ces pauvres tarés !

Jonathan était pétrifié. Et quand papa l'a assis de force pour lui mettre Elizabeth dans les bras, il retenait carrément son souffle ! Trop chou. Moi aussi, je l'ai portée. Elle m'a regardée bien en face, et ça m'a complètement chamboulée... Elle a remué ses petits doigts graciles, comme si elle faisait un signe. C'est une telle responsabilité, grande sœur. Je n'ai jamais ressenti ça à ce point, avec Jonathan.

Il crève d'impatience d'apprendre la nouvelle à son instit et à ses copains. On vient de rentrer. On va vite petit-déjeuner, et puis je le conduirai à l'école et j'excuserai son retard. Ensuite, il faudra que je prépare la maison, pour maman et le bébé ; il y a un sacré boulot ! Si le médecin est d'accord, elles vont peut-être rentrer dès ce soir. J'ai préféré écrire tout ça tout de suite ; après, dans la précipitation de la journée, j'ai trop peur de perdre ces premières et merveilleuses impressions...

18 septembre

Il est trois heures du matin. Je vole ces quelques instants de paix pour consigner ici ce que j'attendais d'y consigner depuis neuf mois : ***le seize septembre de cette année, à sept heures onze minutes du matin exactement, est arrivée ici-bas Elizabeth Joanna Murray, dite Lizzie, en parfaite santé.***

Lizzie est une petite personne satisfaite, très jolie. Elle pleure deux fois moins que ses aînés et nous a déjà tous embobinés ! Là, elle vient de se rendormir, gavée de lait et de bisous. Je suis la mère d'une fille à l'aube de l'enfance, d'une fille à l'aube de l'âge adulte, et d'un fils à l'aube de l'âge de raison. La naissance de Lizzie a vraiment apporté la joie et l'harmonie !

20 septembre

Je me dis sans arrêt que tant de bonheur, c'est trop beau pour durer... mais ça dure ! Elizabeth est sensas, je ne m'en lasse pas ! On l'appelle « Petite Lizzie », et c'est elle qui fait la loi maintenant, mais on s'en fiche. Jonathan et moi, on a prévu des tas d'endroits où l'emmener, quand elle sera plus grande. Je n'avais plus vu papa et maman aussi heureux ni aussi détendus depuis une éternité. Par contre, ils sont à plat ! Je leur annoncerais que je pars en auto-stop, ils ne réagiraient même pas ! Avec Jonathan, on s'arrange pour leur donner un coup de main. Bizarrement, on ne se sent ni jaloux, ni rejetés, comme si Lizzie était avec nous depuis toujours.

Donc, c'est le nirvana, et pour mes copines, ça roule aussi. Cathy et Ted parlent de se fiancer – Ted est *encore* fiancé, mais bon – et Sadie file le parfait amour avec Adam. Avec Gaspard, tout est okay. On se plaît énormément, mais on est aussi amis, et c'est ce dont j'ai besoin en ce moment. Seul nuage noir : cette dissertation sur *Hamlet*, pour demain... Je sens qu'elle ne sera pas prête, je n'ai pas fini le bouquin ! Les ennuis se pointent déjà à l'horizon – la routine, quoi.

Mais on ne peut pas trop en demander, n'est-ce pas... ?

Dans la même collection, découvre vite :

Sophie (T1)
Victoria (T2)
Olivia (T3)
Melissa (T4)
Charlotte (T5)
Rosie Rushton

Arrête, Maman, je vais craquer ! (T1)
Tout va très mal, merci ! (T2)
Comment as-tu osé, Maman ! (T3)
Qu'est-ce qu'il y a encore, Maman ? (T4)
Rosie Rushton

Pourquoi pas moi ? (T1)
Ni oui, ni non ! (T2)
La vie en rose (T3)
Phyllis Reynolds Naylor

Petits copains et grandes copines (T1)
Garçons cool et filles stressées (T2)
Petits complexes et grand amour (T3)
Cathy Hopkins

Ma chambre, mon lit, ma mère et moi...
Lorris Murail

Un peu de tenue, Jenny ! (T1)
Yvonne Coppard

Cet ouvrage a été composé par
PCA - 44400 REZE

Impression réalisée sur Presse Offset par

BRODARD & TAUPIN

GROUPE CPI

La Flèche (Sarthe), le 01-10-2003
N° d'impression : 19171

Dépôt légal : octobre 2003

Imprimé en France

POCKET *jeunesse*

12, avenue d'Italie • 75627 PARIS Cedex 13

Tél. : 01.44.16.05.00